台二線旅圖速寫

東北角的公路旅行，重現山海與小鎮風情

郭正宏｜著・繪圖

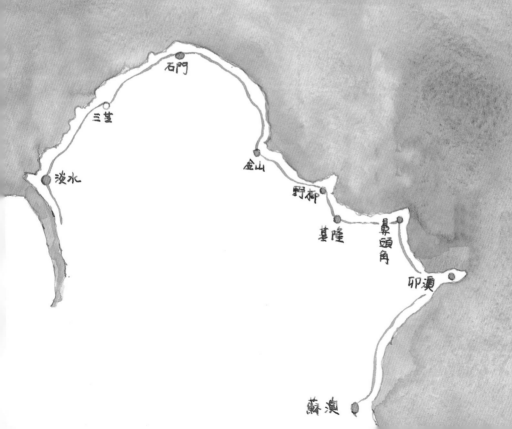

目錄

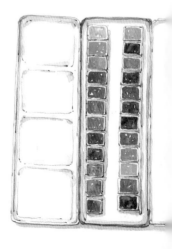

淡水

三芝

石門

金山

野柳

基隆

瑞芳

外澳

宜蘭

認識「速寫」

寫給初學者的觀念 132

前言

　　台灣是一個海島，四面環海的環境讓台灣的海岸線充滿了許多可以探索的美景。台北市的外圍有一條從淡水的關渡大橋開始，一直往南延伸到宜蘭蘇澳的濱海公路（台二線），全長一六七‧六公里。沿著這條公路走，會看到最北的燈塔、最美的山景與海景；曾經西班牙人採硫磺時在這裡停留、中法戰爭的古戰場也在此發生、日本殖民台灣後登陸第一個腳印也在這裡。除了歷史外，公路上還有許多美食小店，台灣第一名的芋頭種在這裡，吃海鮮絕對不會忘記公路沿線的大小漁港、福隆便當幾乎是許多人兒時共同的記憶，也是搭郵輪海上旅行的起點，當然還有基隆廟口的特色小吃及水湳洞的十三層遺址，令人佇足流連。

　　大概從十八歲開始考上駕照會騎機車後，就常在台二線這條公路上旅行，與其說是旅行不如說是一種依戀，一種對山和海的依戀。當時都把台二線叫「濱海公路」，活動的地方多半是淡水到金山這段路，回程就從「陽金公路」走山徑回台北。這樣的旅行不算長，約朋友或獨自一人來大多可以混一天，有時來這裡往往沒有什麼目的，僅僅是單純想看看海，聽聽海浪拍岸的聲音，或是想看一片藍的水岸與天藍，感覺海風撲面的熱熱感，如此而已。

　　這條公路每一個季節來的景色時候都不一樣，春天的風沁冷，偶爾會在海面上看見薄霧，海藻悄悄的爬上沿岸的灰，默默的把海底的綠染上岸邊，莫非是一種海的延伸；仲夏炎熱的氣息讓在公路上每停一次紅燈就讓人感覺融化，寧靜的海洋波光瀲灩，一點點的水光奪目都讓人眼睛難以睜開；秋天舒適的陽光溫暖而不扎人、一點點紅暈的夕陽與木麻黃的枝枒攪拌在一起，分不清光與樹影的細節；冬天東北季風肆虐，公路上的旅人總是形影匆匆，逆風的旅途影響了海邊的顏色黯淡。這就是這條公路的四季。

　　近年來，在公路上的鄉鎮，許多在外地讀書工作的人開始回鄉，畢竟在城市裡的薪資待遇不高，對自我未來發展遇見瓶頸，回到家鄉在一切熟悉的人事物環境下重新出發，接家業也好、另覓創業也罷，也因為這些年輕族群的歸鄉，帶來新的經營思維，讓原本傳統產業有了新的發展，當然，除了原生歸鄉族群，另外，也有許多原本在城市打拚的人，

在遲暮之年後都選擇歸鄉退休，這些人雖然已在城市定居、置產，但是在心裡仍對故鄉的記憶鏈結頗深，也紛紛選擇回歸故鄉或是在城市與家鄉二地生活著；還有，這些年「島內移民」的風氣盛行，許多人也開始移居城市的外圍鄉鎮，整個台二線都有支線可以通往附近的台北市或新北市等大都會城市，加上地方政府提倡觀光，也修築許多高架橋快速道路，嚴格來說，以台二線近北的新北市鄉鎮地區，大約也都在一個小時左右即可到達市中心，即使最遠的蘇澳開車經國道五號都能在一個半到兩小時內到達。因此，這條公路上的鄉鎮都成了移居的好選擇。

　　了解了這些移居或歸鄉的住民來歷之後，他們也因為為了生活收入等現實考量，開始經營許多小店，多數都以入門門檻較低的餐飲業為主，少數店主為了將自己的店做出差異化，與個人本職能力做結合，也開始產生與傳統經營迥異的商業模式，配合政府大力提倡的「地方創生」為鄉鎮再造的列目，創造許多有趣與特別的經營手法，都使顧客能夠出現意外的消費驚喜。我在這公路上旅行，也因此遇到有人愛上這條公路，從新店往返金山十六年，堅持在此開咖啡店；我也遇到愛看海、愛衝浪的店主，選擇在公路上開露天咖啡車，他告訴我能夠邊工作邊聽到浪濤聲，是多麼令人感到開心的事；也有店主從美國回來台灣過退休生活，只為了吃不到美國道地的披薩，就自己再開了一家披薩店……。諸如此類的店家故事都讓人感動。

　　說了這麼多公路的景與公路上的人。

　　我想，這本書不是單單介紹遊記景點的旅行速寫書。

　　我除了想用它傳遞手繪畫面的溫暖外，更重要的是想從一條公路出發，讓公路成為一只串連努力的「線條」，用速寫一一的紀錄著公路上發生的景致記憶與人文故事，讓更多人明白，還有許多人都還在為自己故鄉或即將成為故鄉的鄉鎮努力著，也讓努力的人知道，還有許多人關心與在意他們的店，為他人帶來的喜悅與快樂。

　　跟著我來趟公路旅行，將在公路上遇到、看到的事物，用筆與畫本完成在旅圖上，那樣才是真正的旅行。

出發前要注意的事

關於旅行與速寫

「旅行」已經成為現代人生活中的一部分，現代旅行除了既有的旅行團行程規畫外，由於旅遊市場的競爭激烈，也出現許多特定主題式的行程，有專門參訪美術館的「藝術旅行團」、有專門組團安排騎單車享受大自然的「單車旅行團」、有以跑步主題的「馬拉松旅遊團」、專吃美食的「米其林旅行團」，甚至「攝影旅行團」等等。這樣多元化的主題旅遊確實豐富也滿足了許多不同喜好的旅遊玩家。不過，既然這樣的主題旅行，除了少數「美食團」、「藝術團」等不需要過多的技能限制外，多半主題團參加者都是平時對該項目主題上都有在練習或專業性，對於一般民眾要直接參與上都有門檻在，在普及與親民上是有限制的。

從二〇一七年開始，我以「旅行」與「速寫繪畫」相結合，以現在流行的術語「斜槓」為概念將其組合，雖然這樣的行程早有繪畫界的前輩畫家走過，但都流於個人或同為藝術家的專業行程，而我利用「速寫」繪畫不侷限特定材料與專業技術的特性，將這樣的「旅行速寫」行程推廣至普羅大眾，一圓旅行中畫畫的美夢。

該怎麼做行程規畫

我從開始單人旅行速寫開始，到組團在國內外旅行速寫，從法國、義大利、日本、澳門及馬來西亞，都有我們的足跡，團員們除了正常旅行之外，也因為現場速寫繪畫的關係，對當地古蹟建築、人文美食、生活特色等都有許多不同於以往的體驗，現在特別來分享行程前的規畫。

在行程規畫前，應該已經理解前往的國家或城市，建議在規畫上先

抓出主要指標意義或象徵意義的必畫景點，比如說：巴黎就要有「巴黎鐵塔」、羅馬就要畫「競技場」、威尼斯的「聖馬可大教堂」等等，這種指標意義的古蹟建築都是旅程中必要加入的景點，因此這樣的地方勢必要多預留二～三小時的時間，也建議一天停留畫圖的景點大約二次即可，切莫為了追尋畫畫的數量「為畫而畫」，過於追求數量這樣的做法，對於一趟千里迢迢的異鄉旅程十分可惜，畢竟旅行還有另一層意義，應該是在體驗人文美食與欣賞異國風情，將時間埋首於衝數量就本末倒置了。

理解了基本概念後，先抓出必畫的主要古蹟景點，就可以安排其他附近沿線的附屬景點，畢竟在國外不比台灣，往往會遇到不可預期的情況發生，比如遇到安檢、該地辦活動、雨天天氣不佳或是遇到休館日等情況，尤其是現場人多的時候，特別對安全產生疑慮的情況都可能改變行程，也有的廣場或古蹟庭院不接受現場畫畫的要求，因此必須要有其他的備案；其實以歐洲為例，西方對於在路邊或現場速寫基本上十分友善，只是觀光景點扒手宵小較多，真的要多加注意自身安全，以免發生憾事！

旅行中為何要速寫？

　　相機是觀光客必備的旅行工具之一，旅程中常常狂拍猛拍的，一趟旅程下來拍個數千張照片都不是難事，只是回家後整理那次不算，再下一次看會是何時？這問題我常在演講中詢問現場觀眾，一年？二年？或是都忘記看了？用一個不負責任的調查，平均最多是「一年」再回味一次，「都忘記看」的人也不在少數。

　　請問，你是什麼時候再看旅行照片呢？

　　好吧！就算是一年再看好了，隨機挑選一張照片，問你在照片裡面的當下發生什麼事呢？我想即使強記博覽的人都未能十分明確的講出來，一年前照片拍照那當下的故事吧！如此的話，我們改變用「速寫」的方式試試，或許多花一點時間沒錯，但是在畫的過程中因為要仔細描繪主題，往往會比只花三秒鐘按快門的時間都來得記憶深刻。如果在「旅行速寫」的畫作中加入補充的文字或是該地的門票票根、紀念章等，那這一頁速寫內容就更加豐富了，因此，我建議在旅行中以速寫替代照相會更有感覺。

　　另外，我也常聽到許多人夢想在旅行中能夠畫張簡單的速寫小畫，透過明信片的方式寄給親朋好友或給數日後的自己，都是從「旅行速寫」所衍生出來的概念，在一趟旅程中經過幾個城市就從當地寄幾張明信片給自己，回家後陸續收到明信片的那一刻充滿感動，不可言喻。

該如何創作

一、關於心理的恐懼

對一位都沒有繪畫基礎或經驗的素人而言，要開始動筆確實是一件十分困難的事，困難之處不是在於有形的技巧、工具的問題，最困難的地方在於如何跨出那個「恐懼」心態的門檻。許多人在動筆或嘗試之前都會想很多，這個「想很多」多半都是自己心裡想出來自己嚇自己的，譬如說：我畫的很醜啊！我畫出來會被笑啊！寄給人家會不會被笑啊？我不會使用工具啊！等等。以上這些都在還沒動筆前就先想出一堆來自我設限，自我先放棄動筆這件事了。

因此，我今天要來破解恐懼「畫畫」這件事。

我先問在四萬年前荒古人類將眼見的動物、狩獵的景象一一紀錄在岩壁之上，這些遠古人類應該沒有見過莫內的印象派、也沒有見過米勒的〈晚禱〉，但是他們隨手在岩壁上勾勒的線條卻是那樣的充滿美感與生命力，由此可知，會不會畫畫根本就不是技巧的問題，也不是有沒有接受過繪畫訓練的問題，真正的關鍵在「心態」。因此我對每位跟我上課的學員們說：「畫畫的第一筆最難，之後就會慢慢走向簡單了。」

二、工具的準備

至於工具方面，一張紙一枝筆其實就夠了，沒有帶筆、紙，桌上的餐桌紙、服務生的點菜筆就能隨手借來畫，當然，如果旅行出發前能夠自己準備擅長或喜歡的工具最好，現在「城市速寫」的流行，許多美術用品商、美術社推出專門配合旅行速寫方便攜帶的工具，從鋼筆到水彩筆、水彩等等，價格都很實惠；另外，速寫本更是多元，大小尺寸規格都有，自由選擇，唯獨要注意的是要先確定是否要上色，若要使用水彩上色，則紙質要注意購買水彩紙張。（請見工具介紹篇）

三、動筆

　　「建築物」這個主題在旅行速寫的題材中占有非常大的比例，因為「建築物」擁有的標誌性與象徵性往往超越一棵樹木或植物，如果我在畫面中畫一棵樹木或花園，拿給他人看往往無法讓人第一時間辨認畫的地點，但是，如果畫面中是一個鐵塔，憑一般人的認知，很容易就能猜測出你畫的是巴黎或是東京。這也就是說，建築物代表一座城市的象徵，也就是俗稱的「地標」。所以旅行不論是自助旅行或跟團，旅行速寫的題材去西方就是畫「教堂」、「城堡」，東方則是「廟宇」、「宮殿」。這樣的主題幾乎不可避免。

　　索性建築物除了現代建築之外，都是有其「對稱性」，簡單的說，就是左邊有窗戶，右邊就有一樣的窗戶；左邊有三根柱子，右邊也會有三根柱子。這就是建築物的對稱性。若無法畫透視的角度，就直接選擇畫正面（平面）的角度，只要盡其所能把樓層層數、重要造型結構（如：圓頂、屋頂形狀）畫對即可，至於細節則一筆草草的帶過去，不需刻畫（在旅行短暫停留中也無法刻劃），在畫面上先預留部分空白處，最後補上自己當下的心情與心得，或是寫下在參觀時的過程細節。如此即是一張十分完美的旅行速寫。

　　誰說畫畫很難呢！

速寫工具篇

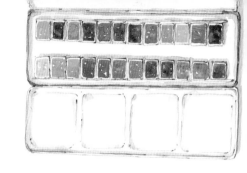

　　傳統上戶外寫生工具十分瑣碎。還記得以前念美工科的時候，外出寫生所攜帶的工具大又笨重，光是畫板、畫架、調色盤、水袋……。陣仗一排開，真的是「拿出來嚇死人，畫出來笑死人」。也就是那時候開始就對戶外寫生拒於門外，不再輕易嘗試了。隨著時代進步，三十年前的那套寫生所使用的工具，也逐漸隨著時代的進步而緩步進化，雖然不至於有革命性的大改變，但是廠商也都朝著「輕量化」與「模組化」的方向在改進，現代學生在「戶外寫生」這領域也都比早期的我們輕鬆許多。

　　我們都知道「旅行」不是一般的戶外踏青，旅行的途中也會攜帶一些簡單的換洗衣物、雜物備品等等，以我長年在國外旅行速寫的經驗中，如果攜帶繪畫的工具太過繁雜或體積過大，都會造成旅途行動上的不便，占空間也就罷了，往往因在旅程中重複取收的動作下，導致畫畫的意願都大打折扣，甚至連想旅行畫畫的興致都沒有了，由此可知，在挑選旅行中使用的繪畫工具是一件至關重要的事。本文的〈工具篇〉我要介紹是這次在創作這本《台二線旅圖速寫》書中所使用的速寫繪畫工具，或許可以給喜歡旅行速寫的朋友作為參考。

　　在介紹我使用的工具前，我要先介紹「速寫」繪畫。坦白說，許多「速寫」的新手畫友一直都對「速寫」使用的工具存在很大的陌生感與疑惑。甚至對「速寫」與「水彩」所使用的工具項目容易混淆，一般在「速寫工具」的使用上大概只有三樣物件：線筆、水（彩）筆、水彩盒。每個人會依照個人需要和習慣攜帶。差異性在於不同品牌、水彩的大小就會有不同的樣子，沒有一定的要求，另外，也會因為每個人在作品的表現上有不同的想法，攜帶不同的工具。比如說，有人喜歡線條勾勒不上色，因此他所攜帶的工具當然會更加輕便簡單，所以工具的品項完全取決於個人想要如何表現自己的作品。

一、書法尖鋼筆

　　我在本書中使用的的「線筆」是以「書法尖」或稱「美工尖」鋼筆為主，這類型的鋼筆由於筆尖有凹折的特殊設計，因此在繪畫使用上能夠產生粗細可變的線條，尤其在畫面的輕重轉折上都能夠有許多變化。推薦品牌上不需要購買價格過高的品牌商品，個人推薦大陸製的英雄牌或白金牌書法尖鋼筆即可，也有廠商製作不同彎折粗細的筆尖，這完全看使用者的繪畫習慣而定，不需有彎度高就比較好的迷思。

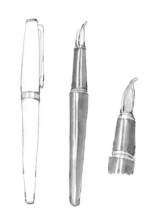

二、水彩筆

　　此次創作我共攜帶使用兩款著色的「水彩筆」與「水筆」來交替使用。

1. 法國拉斐爾迷你旅行套筆六枝組

　　這組水彩筆組每枝筆桿長度只有十四公分長。在攜帶上或放包包中十分輕巧方便不會占空間，尤其筆毛是纖維合成，富有彈性，耐酸鹼。在筆毛的形狀方面幾乎含括圓、扁、細等及一枝保水量高的松鼠毛筆，特別的是，它的筆桿尾端還做成斜口，在處理刮紋效果時特別方便。我在咖啡館或有桌面的地方速寫時都會使用這組工具組。

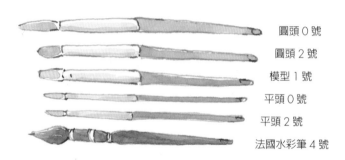

圓頭 0 號

圓頭 2 號

模型 1 號

平頭 0 號

平頭 2 號

法國水彩筆 4 號

2. 柯林斯基貂毛旅行攜帶型水彩筆——四號筆

這次我還攜帶一枝柯林斯基貂毛旅行攜帶型水彩筆四號，因為這枝水彩筆他的二段式筆桿設計，使用時組裝方便，通常在空間有限的海岸石頭邊或是機車座墊上，無法拿出太多枝水彩筆的情況下，我就使用這枝柯林斯基水彩筆，一筆完成，確實非常方便

3. 水筆（大）

旅行時難免會遇到不方便取水的地方，這時有一枝水筆就很重要，「水筆」的筆管隨時隨地都要注水，水筆的品牌十分多元，基本上沒有限制什麼品牌較好或較壞，完全取決個人的使用習慣，唯一要注意的是筆尖的規格請務必全部選擇「大」的尺寸，因為大可以畫細小，但是「小」沒辦法畫大面積，至於價格落差的問題，說穿了只是好一點的水筆內部有一個「止水閥」的設計，防止筆管內的水源源不絕流出罷了。

三、伸縮筆洗杯

早期的筆洗袋要用吹氣的方式才能讓它站立，也常常不小心氣吹不足，就很容易軟塌，現在有一種「伸縮小洗筆桶」縮折起來十分輕巧，而且價格不用台幣五十元非常實惠。

四、鋼筆墨水

我個人使用的鋼筆墨水是「寫樂極黑」的抗水性墨水。買回家後還會對過濾水或礦泉水稀釋，由於鋼筆墨水都無法防水，因此稀釋後繪畫上比較不會暈染。

五、小水瓶

這是隨身攜帶的小瓶子，裡面預先裝水。有時候旅行速寫過程中水筆固然好用，但是還是會有水不足之處，因此一個裝好水的小瓶子在旅行中是十分重要的。

六、膠水

攜帶膠水有時候很重要，旅行當中會留有一些票根、紀念章等，可以使用膠水黏在速寫本上，可以增加畫面的趣味性與多元性。

七、其他

牛奶筆：市售的牛奶筆有 uni-ball signo、Pilot Juice、ZEBRA SARASA CLIP 等品牌。它除了白色之外還有許多不同的顏色，大多都是用來畫插畫或是增加線條顏色的美觀性。在速寫的使用上，一般都是挑選「白色」為主，用來製造亮面的部分反光，或是使用在畫「黑紙白線」的線條中。我大部分是使用日本「uni-ball」出品的白色的防水顏料筆，有點類似「立可白」的感覺。市價大約三十～五十元不等，筆有分粗細兩種，可以按照個人需要選擇購買。

代針筆：此工具價格便宜，有各種規格大小可以選擇，缺點惟線條單一單色，粗細變化不大。

八、水彩顏料——申內利爾蜂蜜水彩

「水彩」在美術社販售的會有兩種包裝，一種是我們從小看到大的「條狀」水彩，一種是「塊狀水彩」。二者的差異在於製程中「條狀水彩」加入「阿拉伯膠」，所以旋開蓋子上會看到透明的凝膠狀物；而「塊狀」水彩則是使用色粉裝填，想像一下我們在煮義式咖啡，會把咖啡粉填壓在沖煮把手的杯中，直到咖啡粉滿溢平整。「塊狀水彩」大概就是如此。也因此「塊狀水彩」在顏色的表現上會比「條狀水彩」來得鮮豔，而且

只要一點點就能調出顏色，所以很多初接觸「塊狀水彩」的人在顏色調製的過程中都會覺得，我只是沾一點點怎麼顏色這麼重的感覺。

　　了解「水彩」的差異後。我這次這本書使用的是「申內利爾蜂蜜水彩」。自古以來蜂蜜一直有著多樣的代表性，是陽光、美食，也是詩歌與科學的代表，蜂蜜也被用來治療皮膚乾燥和癒合傷口，也是天然防腐劑。我個人在使用「申內利爾蜂蜜水彩」上特別喜歡它的顏色飽和度與彩度。因此，我在這次旅程攜帶上也選擇了一組自己習慣使用的色號，特別加多達二十四個顏色，以備速寫時不時之需。

九、背包椅

　　坦白說戶外速寫與室內繪畫相比，其實是辛苦的，有時候速寫環境並非都有地方可以坐，在環境不允許的情況下，自行攜帶一把摺疊椅就是必須的，折疊椅在登山店可以找到，品項也有許多種，價格帶與造型都有非常多的選擇，每個人都可以依照自己的喜好與經濟能力去購買；我個人則是使用一種「背包」與「折疊椅」組合的「TATONKA背包椅」，雖然這個背包椅與一般折疊椅比起來價格略偏高，但是在椅子的高度與舒適性上都比較好，尤其是我的膝蓋有運動傷害，因此過低的椅子對我的膝蓋是吃力的也會不舒服，因此我會建議，如果跟我一樣有運動傷害或筋骨不適的朋友，在選擇折疊椅上可以跟我一樣選擇較高的椅子會比較方便舒服。這款背包椅的椅骨部分是鋁合金，可裝納二十公升，最高乘載九十公斤。我去歐洲旅行也可以通過安檢帶上飛機，由於有椅子，遇到需要排隊等待的時刻，也都可以展開而坐，完全就是舒適。

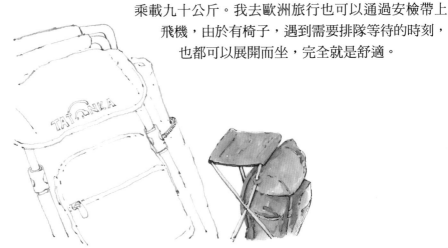

淡水
淡水長老教會

北部地區有四大日治時期留下的長老教會，淡水長老教會就是其中一座。淡水這個地方，在台灣美術史上占有很重要的地位，在一九三〇年代，台灣美術發展沿襲日本，而日本因明治維新的關係，大量西化學習西方的「印象派」，以戶外寫生為主流創作方式，印象派繪畫都會刻意找有水岸之處，才能充分表現畫家所追求的「光」的表現，也因此台灣早期的前輩畫家們發現台北北端出海口的淡水小鎮有許多特殊特色的建築，並且距離河岸頗近，可以表現他們的創作特色。

建於一九三二年的「淡水長老教會」又稱「淡水禮拜堂」，是淡水地區最大的禮拜堂，可以容納三百人，除此之外，台灣早期畫家陳澄波先生就在淡水地區創作了十二幅畫作，許多淡水附近的著名建築與歷史景點都在畫作中出現，當然「淡水禮拜堂」的哥德式尖塔屋頂亦出現其中，除此之外，淡水禮拜堂附近也是早年美術學校學生校外寫生的熱門畫點，這座禮拜堂帶給台灣藝術家們許多難以抹滅的美好記憶，可惜近年來禮拜堂附近的民居大樓一棟一棟的建起，原本只要站在高處就能看到禮拜堂的尖塔，變成要走近才能欣賞，十分可惜。

「淡水禮拜堂」是座哥德式建築，以紅磚、洗石子等建築材料砌成，台灣早期的教堂都十分樸素，如台北市中山南路上的「濟南長老教會」、「大稻埕長老教會」的建築也是以紅磚結構為主，不若西方華麗的巴洛克建築形式的教堂，台灣禮拜堂的紅磚建築樸素中帶著莊嚴氣息，更顯獨特，難怪它成為許多前輩畫家們百畫不膩的最佳主題。

淡水

淡水味道「古早味小吃」

三十年前念書的時候,「戶外寫生」是每次必修的一堂課,那一陣子常跑淡水,當時要來淡水必須要搭火車或是一小時才一班的公車,或許因為交通不便吧!那時的淡水小鎮觀光人潮不多,我們在渡船頭畫畫時可以看見許多淡水特色塗裝的藍色舢舨漁船或剛捕撈起的漁獲,那時的小鎮的美好與淳善,一直讓我對「淡水」有著特殊的情懷。

現在有捷運後,來淡水已經變得更加方便,人潮絡繹不絕。各種食品小吃的店家如雨後春筍冒出,旅人的選擇性變多了,但是,「淡水味道」卻不見了!

淡水魚丸

其實「淡水魚丸」才是最有名的小吃。
現在有觀光客絡繹不絕,
淡水人都以服務業
為主,淡水人靠捕
魚為生的人口變少

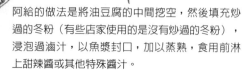

阿給的做法是將油豆腐的中間挖空,然後填充炒過的冬粉(有些店家使用的是沒有炒過的冬粉),浸泡過滷汁,以魚漿封口,加以蒸熟,食用前淋上甜辣醬或其他特殊醬汁。

了。早年淡水的漁獲量十分豐富，以至於供過於求，再加上當時冷藏設備不發達，都把漁獲做成魚乾或加工食品，因此魚丸、魚酥等就此出現。淡水的魚丸都呈現橢圓形狀，用魚肉磨成魚漿再用太白粉、水調和成形，裡面再包入豬肉臊。現在淡水賣魚丸的店家有「味香魚丸店」、「渡船頭魚丸店」和「可口魚丸店」均具盛名，還記得以前來淡水寫生，都會被家人囑咐買一斤淡水魚丸回家，這才是淡水真正的古早味。

淡水蝦捲

台灣只要靠海的漁村鄉鎮，都有其在地的蝦捲。台南有蝦捲，淡水也有蝦捲，但是外型內餡都渾然不同，台南的蝦捲較為碩大，外皮用豬網紗包裹，口感較為扎實，也是餐廳宴客必上的佳餚；淡水的蝦捲以小吃為出發，庶民銅板價就能隨意品嚐，雖然說上不了宴席，但是那份邊走邊吃的輕鬆感，確實有其自在性。據傳淡水蝦捲的由來，可以回溯至三十年前，以前在淡水河邊擺攤的一位老阿伯發明的。這個老伯我早年有見過，一個小攤在海風當頭的淡水河邊賣蝦捲，雖然後來在旁邊賣蝦捲的攤販變多了，但是老伯炸的蝦捲外皮酥脆讓我記憶深刻。後來據說老伯將其製作、調味、油炸技巧傳授給一位叫阿香的老闆娘，阿香再將淡水蝦捲加以改良，並發揚光大，因為口感獨特、口味特別，也由於這種解饞的小吃非常受到歡迎，所以也就逐漸形成淡水當地的特色小吃。而蝦捲因此也都稱為「阿香蝦捲」。

阿給

「阿給」是台灣淡水老街有名的小吃，是道地的平民美食，得名於它的食材：油豆腐（板豆腐經高溫油炸），日語叫「あぶらあげ」，簡稱「あげ」，國語音譯為「阿布拉阿給」，簡稱「阿給」。據說在一九六五年（民國五十四年），有一位受日本教育的楊鄭錦文女士，楊鄭錦文與丈夫楊樹根原本在淡水中學大門旁的海關宿舍，販賣炒飯、炒麵、炒米粉與刨冰等小吃維生。看見日本人都會用油豆腐包食物來吃的靈感，又不想浪費自己小吃攤所剩餘的食物，而突發奇想發明「阿給」這項受歡迎的平民小吃。

她將油豆腐由中間切開，填進已調味過的肉臊冬粉，並用混和紅蘿蔔絲的新鮮魚漿封口最後蒸熟，上桌前再淋上自製的辣醬，每家的辣醬都有所不同，如此就成了現在大家耳熟能詳的阿給。

淡水

淡水古早味零食

在前一篇「淡水古早味小吃」裡提到，現代人都忘記早年淡水原本是座漁港，漁獲豐碩，因此淡水除了古早味小吃外，還有可以攜帶回家當伴手禮的在地零食。

淡水魚酥

「六月鯊，狗不拖」，形容在四、五十幾年前的淡水，魚獲豐富，漁船、舢舨一艘接著一艘滿載而歸；由於當時冷凍設備尚不普及，只有非常昂貴的魚才能放在冰庫保存，到了六月，天氣炎熱，大量鯊魚捕獲回到漁港，很快就腐壞，就算是流浪狗也不吃。這樣的情況讓淡水發展出魚丸魚酥等魚類加工品。現在走到淡水老街街上幾乎三步一家都在賣「魚酥」，而且現在魚酥開發出各式各樣的口味，不過，我只喜歡最傳統的口味，一九五〇年創立於淡水福佑宮旁邊的「味香魚丸店」是淡水第一家魚丸店，後來拆成二家分別是「登峰」與「許義」，特別是「許義」賣的魚酥，據說以前魚酥的口感並不是那麼酥脆的，而是老闆許義有一次在炸好後，不小心又掉到油鍋中，沒想到卻大受顧客青睞，過去當地居民是拿來配稀飯吃，現在的遊客則是用來下酒或當休閒零嘴。魚酥的作法是將黃魚或鯊魚的骨肉碾碎，和上蕃薯粉下鍋油炸至香脆，魚香味濃郁，真的會一口接一口停不了。

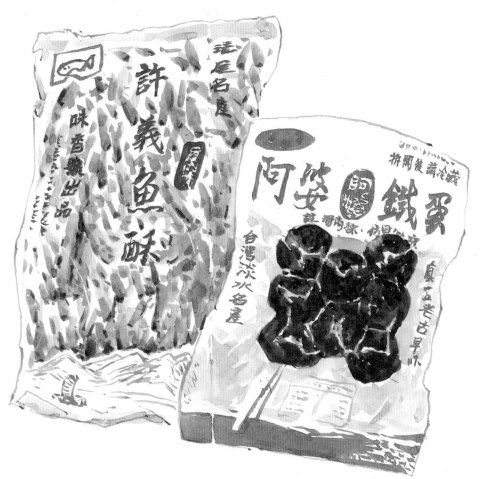

淡水鐵蛋

據說在淡水渡船頭畔有一個小麵攤，老闆娘黃張呻因為生意不好，將滷蛋不斷的回鍋滷製，也因為滷好的滷蛋長期被海風吹拂，也越滷越小，沒想到顧客特別喜歡這種富有咀嚼感的黑滷蛋，鐵蛋的蛋白經過不斷的滷製，早已將味道滷透至蛋黃中，蛋白部分略微堅韌的口感富有咀嚼感，滷到變色的蛋黃讓蛋香融合在口中，口味變化也越來越多樣，經過媒體的採訪變成當地知名的小吃。鐵蛋的知名度逐漸成為來淡水必購買的伴手禮，但是由於市場的競爭，「阿婆鐵蛋」不再是阿婆滷的，真正的黃張呻阿婆的鐵蛋早已消失在歷史的洪流之中。

三芝 淺水灣咖啡館

從淡水進入三芝區不久就能看到路旁有一整排充滿地中海味道的咖啡店或洋食館，這裡就是知名的「淺水灣」。淺水灣顧名思義這裡的海岸線不高，一半是沙岸，另一半是礁石，據當地朋友告訴我曾經有一女子想在此尋短，下海走了很遠海水總是及膝，很快的就被岸上民眾發現救起，由此可知，淺水灣不是浪得虛名。

由於這邊開了很多咖啡店或洋食館，很多民眾會在此慵懶的點杯咖啡或三五好友來此用餐聚會，店家也在裝潢布置上十分用心，南洋風、峇里島風、希臘風、地中海風，來這裡有一種置身國外的感覺，聽著音樂與浪濤聲搭配的合奏，一杯咖啡或調酒度過一個異國情趣的午後時光不是難事。

沙灘上擺著一輛沙灘車，夏季的北海岸有許多戶外活動，附近的沙岸丘陵高低起伏頗大，沙灘車的體驗正好滿足年輕人尋求刺激的新鮮感。

夕陽西下，也可以來附近步道散步，全長五百五十公尺的棧道搭配海天一線的風光，特別愜意。沙灘上也有民間經營的沙灘車體驗，在附近起伏極大的沙灘上馳騁沙灘車別有一番趣味。

三芝
PAPA 在三芝咖啡館

吹著南風的秋特別迷人，包含著夏的慵懶與冬的些許蒼涼。低頭的影拉出一道虛黑，與角落的深邃形成強烈的對比，總以為角落隱藏著孤獨，仔細推敲才知道那不過是心裡的空虛。

這是一座未秧的空地，幾座溫室般的屋錯落在邊角，四週的小葉欖仁圍成一圈像是母親抱攬著孩子，護著這個景。老闆是學藝術的，建起這個園子原本是要給父親的，只是落成前父親寂滅無緣見到，園子的某角落在天晴時可以看到海，那條海平線似乎是與父親對話的鏈結。園子的中央植了棵樹，我忘記問了樹名，只知道樹冠上的細枝特別好看，如奔蛇走虺的揮灑，在逆光下細枝變成蜿蜒機靈的線條，起風時隱約聽見葉子摩擦的細聲。

對外營業的時間人潮絡繹，地上的碎石子鋪成的路徑踩踏聲此起彼落，人人打扮精美的用相機獵取最優美的鏡頭，很少人能夠認真靜坐的細聽秋風，也很少人能靜坐細看一旁角落的一草一蕨，老闆巧思營造溫室內的綠意，人潮似乎只是來尋覓屬於自己的美感照片，貪飲咖啡後，然後離開。現代人的速成，在這園子裡略顯糟蹋了。

名叫「小心」的狗在園子裡蹓躂，只要有客人來就會湊上去聞聞吠吠幾聲，似乎在告訴人家我才是這裡的主人。有的客人會帶家犬，牠也開心不怕生的向前與犬互動，我總覺得開咖啡店就該養隻像這樣小心不怕生的犬，一來看家，二來招呼。即使什麼都不做，在園子裡吠二聲都覺得溫暖。犬就是這樣忠實的動物，營造的意象遠比不成調的背景音樂來得動人。

溫室內的天花板是被滿滿的植披覆蓋住，所以地面隱約會看見樹影縫隙洩進來的光影，老闆是個全能的藝術家，金工、木工、陶藝、雕塑都有涉獵，同為藝術份子很好切入，沒想到我們還是同一社團，他告訴我從復興畢業後他成了髮型設計師，很可以，都是跟「立體造型」有關聯。後來他忙了！我自顧自地欣賞他的創作，創作者的巧思可以從作品中宣洩透露出一二，藝術的習氣是無法騙人的，咖啡廳的獲益滿缽都無法抹去創作的熱情。

離去時沒有多說什麼，結帳後一個心照不宣的眼神與這園子兩兩相望，原本是老人晚年安養的寂靜之地，幾經波折後，成了網紅打卡的喧囂。我在這一匡趣味中看世事的多變與無常。

往白沙灣

往淡水

鶴興禮儀公司

三芝市區

PAPA在三芝

淡水附近有許多這樣的小船，正確來說它算是「舢舨」不算是船，
由於船艙是平底的關係，大多只能航行河川或近海海域，無法抵抗
大的風浪。在北台灣，尤其在淡水北海岸附近的小漁港內都可以看
見這樣的「舢舨船」。尤其他們的塗裝都是以藍色底為主在船頭畫
上紅綠色，重點是還會塗上一顆「眼睛」。黑色眼球會固定
向下，據說在那個沒有聲納雷達的年代，「眼球」就
是幫助漁夫看海底下哪邊有魚群的象徵意義。

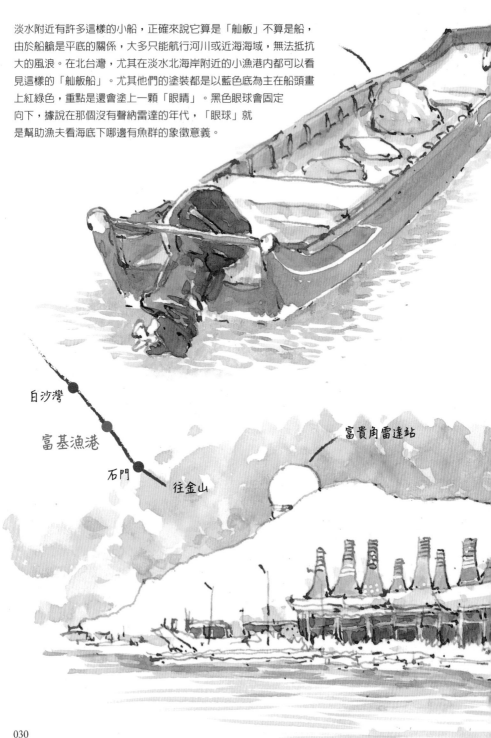

白沙灣

富基漁港

石門　　　往金山

富貴角雷達站

在舢舨船頭看見這個「東西」實在
猜不到這個東西是做什麼用的？
（有人可以告訴我嗎？）

石門
富基漁港

富基漁港位於北台灣的富貴角的南岸，對面剛好是知名的白沙灣。原本
只是一座小漁港，在當地有心人士的規畫及後來盛產蝦蟹逐漸成為北台
灣知名的觀光漁港。富基漁港船隻以「捕蟹」聞名，據說當地「花蟹」
年產三百多噸，秋天正是嗜蟹的好季節。

富基漁港的漁市中心屋頂是請國外設計師，以「墨西哥帽」為概念的地
標式建築，不過很難聯想，「富基漁港」或是「北海岸」跟「墨西哥帽」
有何關聯，但是五顏六色像煙囪似的建築屋頂在海岸公路上遠遠的就能
看見，是很有標誌性。

色彩斑斕的漁售中心的屋頂非
常亮眼，據說是請西班牙的建
築設計師設計的地景景觀，在
公路上遠遠的就能看見。

石門
富貴角燈塔

「富貴角燈塔」是熟悉北海岸的人都耳熟能詳的一個地標。這是台灣最北端的燈塔，八角造型的燈塔，塔身塗裝漆成黑白大面橫紋的風格，與中部王功的王功燈塔黑白直紋的樣子有不同的風情。原本的富貴角燈塔是鐵造塔身，一九六二年才改成現在看到的混凝土結構，他也是「台灣四極點」之一。

日治時期蓋這座燈塔是為了要鋪設海底電纜跟航道設施使用，最特別的是富貴角燈塔還配有「霧笛」，是少見燈塔的附屬設施。東北角這附近常有濃霧發生，霧笛就是要警告往來的船隻避免相撞，只要遇到濃霧的氣候，不管白天或晚上，都會打開霧笛，每隔一分鐘霧笛便可以響笛一次，每次五秒鐘，音量可遠及四海浬（約七公里）的外海。

要去「富貴角燈塔」要把車停在「富貴角公園」再步行進去，步行距離大約二十分鐘左右；步道沿著海岸山陵起伏前進，據高點可以看見整個老梅沙灘，如果對的時間到這裡遇到「綠石槽」萌發的季節，整片海岸上的礁石瞬間變成「抹茶糕」一條一條的非常漂亮。步道的兩側種植許多林投樹或木麻黃，這些植物耐風吹都是台灣海邊常見的防風林植栽。夏天走這條步道因為遮蔽物較少，建議還是帶把遮陽傘與太陽眼鏡較為合適。

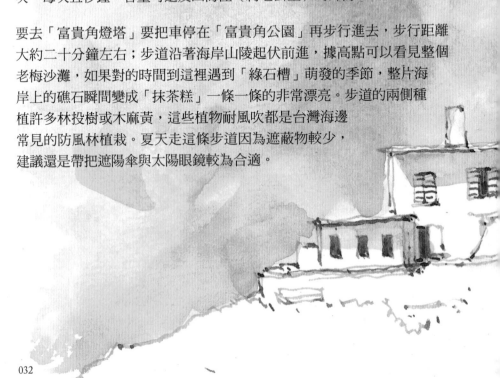

富貴角燈塔還有一個隱藏版的美景是「燈塔懸日」，是許多攝影人口耳相傳的必拍美圖，夏秋季節，夕陽落在燈塔後方，將整個天際照射成橘紅色，形成難得一見的風景，絕對不能錯過。

石門 老梅海灘綠石槽

這裡曾經被 CNN 評選為台灣八大祕境之一。

老梅沙灘上的這片礁石區原本大屯山火山爆發後，熔岩所形成的黑褐色火山礁岩，經過風化與海浪侵蝕，逐漸成為現在看見的這種溝槽狀的風貌。每年的二～五月間，浪花拍岸滋潤礁石岩面，逐漸許多石蓴、海髮絲等海藻開始在這裡生長，最後撲滿整個礁石區，就像在巧克力麵包上撒上抹茶粉一樣，形成著名的「綠石槽」這個在特定季節才看得見的隱藏美景。也是許多攝影愛好著每年必來朝聖的北海岸限定主題。

除了綠石槽外，附近沙灘上還有一種美麗的小花「天人菊」。這種在五～八月才盛開的植物，在一九一○年從北美引進台灣後，就在澎湖及北部海岸繁殖，很多人去澎湖觀光都常看到當地「天人菊」主題製成的卡片或文創商品，孰不知北海岸沿岸也能見到這種擁有耐風抗潮、強韌生命力、防風定沙的植物。如在花期盛開期間，老梅沙灘又是另一種壯觀景致。

石門
石門洞海灘

騎了一段路，一個轉彎就會看見這個矗立在路旁的「石門」。這個石門洞十分顯眼，天然的海蝕洞經過海浪沖鑿、地殼抬升作用，形成今日高約十公尺的拱門特殊天然風景，運氣好的時候能在洞內看著夕陽日落。

我有一段時間常來這裡看海，從海蝕洞旁邊的樓梯拾級而上可以走到洞頂端，不管什麼時候往海邊看，眼前總能有不同的風景，或者，穿過海蝕洞後，潮間帶的開闊有別於公路沿線的景觀，礁石沙灘都平緩許多，

潮間帶的礁石在近海岸的地方圍成一個屏障，讓長浪打不進來，形成一個平緩又安全的海岸，也因此吸引許多家庭會在假日來此戲浪。

石門海蝕洞，在康熙三十三年（一六九四）鄭開極的《福建通志》卷五中就有記載。《山川誌》云：「石門山；旗干石西，一石中空如圓門，故名。」石門的地名即是因這個像石門的海蝕洞而來。在清同治年間的《淡水廳誌》就將「海岸石門」列為淡水外八景之一。石門洞與金山燭台嶼，都是歷史悠久的風景名勝。

石門 麟山鼻風陵石海岸

將車子停在麟山鼻漁港，今天漁港的觀光客不多，幾個釣客散落在漁港海堤上，我不懂釣魚，但是真的很佩服會釣魚的人無比的毅力，可以這麼長的時間不畏海風酷日坐在海堤礁岩間，我猜想這樣的感覺大概有入定的氛圍吧！

往「麟山鼻步道」指示牌走去，今天要去尋找「中華民國領海基點」。全台灣總共有二十六個領海基點，用來界定領海的距離。麟山鼻位於台灣本島北端岬角，這裡有兩種十分特殊的地形，一個是「藻礁」，另一個是「風稜石」。步道右側是海岸，左側是樹林，這裡的石頭呈現黑色的菱角分明，這就是當地有名的「風稜石」！沿路走來看到好幾處廢棄的碉堡或海岸哨，給當過海防的我有一點親切感，走過不久，步道從樹林中轉出，尋找「領海基點」的路徑越發窄小，遠處有一堆礁石成堆，據指示好像就在那邊，我手腳並用的爬上礁石上，就在最尾端看見一塊金屬牌，上面就是尋找中的「領海基點」。站在這裡視野遼闊，眺望整個麟山鼻海岸海天一線，有種氣吞天下的俾睨感，不過石堆上風大，即使在這秋天的午後，都讓我險些無法站腳。黑色的礁石在藍色的海天之下，更顯巨大孤峭。

風稜石的成因

1. 火山熔岩凝固後形成了質地堅硬的安山岩，部分岩石順著岩壁節理由崖壁上崩落。

2. 強盛之東北季風帶著海沙吹向岩石形成風蝕作用，沙子將岩石迎風面磨得越來越光滑。

3. 岩石的角度因季風吹拂方向變的越來越銳利，形成多稜角的岩石。

1.

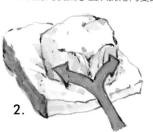

2.

3.

回程路上又發現一段當地人用風稜石構築的石滬，以往石滬有名的在澎湖，沒想到在北海岸可以見到石滬，確實意外與新鮮，這段小旅行逐漸精彩起來。

石門
風力發電站

每次經過石門十八王公廟附近，抬頭望向旁邊的山崖，那一根一根紅白相間的巨型風車就在那邊轉呀轉的，療癒感特別濃厚。

因為北海岸這附近每年東北季風強勁，台電公司在此設立了六根風力發電機組，也是台灣本島首座風力發電組，這裡被稱為「北海岸好望角」的風車公園。這個「風車公園」裡還設有木棧道可以在此散步，如果天氣好的話，藍天與紅白風車搭配的景致更加令人心曠神怡。

石門 嵩山百年梯田

從公路上稍微偏移到石門附近的不起眼山徑（北十九鄉道），從「豬槽潭」
指標往山裡的「嵩山社區」前進，兩側草木扶疏但是人跡罕見，偶爾會
看到有一兩座土地公廟，在這些偏鄉公路是還滿常見的小建築。路旁二
側都是雜林，附近的山路其實盤根錯節，公家政府真的對這些交通建設
不遺餘力，幾乎有人住的地方都不惜耗費鉅資鋪路到偏鄉各地。

非常少人知道在這山裡隱藏一片百年耕作的梯田，這是石門當地居民用
了幾代人的時間，以陽明山特有的火山岩慢慢堆砌坡坎而成。在四季不
同的時節，來這裡都能見到美麗的景致，比如說四月來到這裡，就能見

POST CARD

繪圖｜郭正宏

瑞芳｜南雅奇岩

到插秧，一片綠苗映水央，藍與綠的層次疊翠，別有清新；或者秋收期間滿山谷的金黃，把山谷都鋪上一片金毯。休耕期間還會植栽許多大波斯菊，奼紫千紅的繽紛落在丘壑之間，好不美麗。

早在《詩經·小雅》記載：「瞻彼阪田，有菀其特」。說明早在西周時期中國就出現梯田的雛形。現在有很多人跑到巴峇島的烏布，或是雲南去看梯田，其實何必捨近求遠呢！

路線

台二線往金山方向，至「豬槽潭」路右轉上山往青山瀑布方向，經過青山瀑布後 1.5k。

金山
十八王公廟

過了三芝、石門不久，海風漸大，海面的風景更加寬闊，公路越來越筆直，附近的民居也逐漸稀少，接近「核一廠」旁邊有一座廟宇，就是遠近馳名的「十八王公廟」。

相傳清朝中葉，有十七位唐山乘船渡海來台的商人，在石門附近發生海難罹難，船上忠犬也以死殉主，附近村人便將其合葬在此，遂成現今的「十八王公廟」。台灣在七十年代流行「大家樂」，「十八王公廟」也成為當時人們求財的靈驗廟宇之一。

十八王公廟門口有許多小攤，賣的多是附近漁村的小食，主要的多是「燒酒螺」、「肉粽」等，其中又以「肉粽」最為著名，據說是廟內恭奉的忠犬喜歡吃的關係，實際狀況已經不可考。

劉家肉粽

十八王公廟前的小攤有很多家是賣「肉粽」這個小食。

賣「肉粽」這個是跟當地的宗教信仰「十八王公廟」有關，信眾為了祭拜十八王公，一開始拜油飯與麻油雞，但是其實油飯不好攜帶，而後改包粽子，形成了十八王公廟附近粽子小販聚集的景象，而粽子也就慢慢成為石門當地的特產。

早年，一攤攤的小攤都以自己家的姓氏作為店名，這樣的店名方便取也不容易與別家重複（其實也很難說），不過似乎變成這些攤家們共同的作法，因此顧客就認姓氏比較快，「廖家」、「劉家」、「王家」等等以姓氏為店名就這樣慢慢出現。「劉家肉粽」從在十八王公廟附近三、四坪的小攤開始，到後來遷移到石門市區的店面，衛生意識抬頭衍生成中央廚房，算是其中較有規模，口味也不錯的店家。

金山跳石
跳石芋頭

過了十八王公廟的公路後，就是金山的「跳石海岸」，公路沿著海岸邊延伸，一邊是山一邊是海的地形，景觀很特殊。山邊民居不多，可以看到居民也在山邊種植作物，這裡山勢較陡斜，算是梯田的地形。可想而知在這裡種植作物是非常辛苦的事。

台灣有三大芋頭，較顯為人知是位在台中的「大甲芋頭」或是高雄「甲仙芋頭」，大甲與甲仙種植的數量多，知名度較高；如果以風味來說，「跳石芋頭」恐怕是排名第一的，由於靠海岸很近，海風、濕度、氣候等環境優勢下，這裡產出的芋頭芋香足、口感 Q 軟綿密、品質最優。

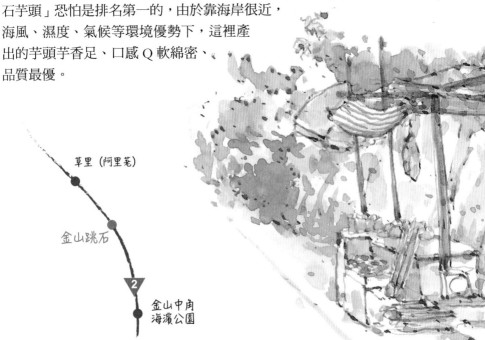

草里（阿里荖）

金山跳石

2

金山中角
海濱公園

往金山

「豆腐乳」是附近老人家自己親手釀的一罐一罐的沒有超市那樣標準生產包裝的工整性，反而多了一份濃濃的古早味。「跳石」地區人口大量外移，居住的多數是老人家，陳阿嬤已經在這裡居住六十多年了，講起她種植的芋頭與茭白筍非常的自豪！經過十八王公廟的公路邊，不時會看到附近居民沿著山勢地形，簡易的搭起小攤位把自己的農作物擺出來賣。

跳石芋頭的品種為檳榔心芋，跳石地區（金山區永興里）位居大屯山下擁有火成岩的風化土壤，而跳石地區又長年受海風吹拂，因此種出來的芋頭香味濃郁、口感鬆軟有Q度，品質優良，每年產季八～十月，價格高於其他地區，所以一直是國內行情最高價的芋頭產地。

草里（阿里荖）

金山跳石
沒有名字的
咖啡館

②

金山中角
海濱公園

這裡的裝潢許多都是利用舊物去改裝，也因此
更多了一份手作的溫度，還有一種「波希米亞」
的風味。

金山跳石
沒有名字的咖啡館

老闆「恐龍哥」說，他來這裡開業十六年了！直到今年店裡變成許多網紅名店，不管平日或假日，幾乎天天客滿。開店創業就是這樣，大家比氣長，誰能夠撐得久，市場就是誰的。第一次見到恐龍哥不知道他是老闆，忙進忙出的我以為他是店員，三層樓的平房挨在台二線不起眼的小巷口，要不是門口有幾位正妹在拍照，真的一閃即逝。上了二樓有一片無敵海景眺望北海岸的海灣，這樣就能明白為什麼它會變成網紅名店了！

光坐在二樓院子的座位區，往下看就是無敵海景，沒有什麼景色比這個更吸引人。

金山跳石 烏咪咖啡小巴

店名「烏咪」是日文「海」的意思。由此可知老闆有多麼愛海了！快到金山的海邊有一整排咖啡座，天氣好時，坐在這裡可以看著海天一色的風景，心情自然而然變好，「烏咪咖啡小巴」在這裡開了十年，老闆阿超從二十六歲就在這裡駐點天晴開店，天雨休息，如果雨天一個月，他也休息一個月。我問他是金山在地人嗎？他說不是，他是桃園人，十年前與家人搬到金山，就愛上這裡，在這裡開店的最主要原因莫過於可以看海，是的，可以「看海」、可以天天看海。

阿超愛海愛衝浪，他就住在旁邊的中角灣，他的客廳距離海邊只要一分鐘。

今天陽光燦爛，我們邊聊天，不知不覺客人很快填滿座席。

「生意好嗎？」我問他。

「還可以啦！熟客很多，金山當地居民也會常跑來這裡坐著看海聊天。」阿超說。

露天咖啡除了阿超外，還有一位員工，她是來打工換宿的，我問說：「來這裡的人不像城市一樣，精神追求都大過物質吧！」老闆說，是啊！其實願意來這裡的人都有屬於自己的「故事」。

海風鹽分重，大概三年就鏽蝕嚴重，以前是「黃色」小巴，這次換成「紅色」更顯眼多了，也比較容易吸引顧客上門。

草里（阿里荖）

烏咪咖啡小巴
（台二線38K）

金山中角
海濱公園

2

這裡隨便找個位置坐都可以看
到海。許多客人就這樣靜靜的
看著海浪一波波的打上岸，似
乎特別療癒。

我畫起他的紅色小巴，他說這台小巴已
經換了第三輛了，打烊就把小巴開回
家，車上配備齊全，提供客人自行車及
車輛打氣、簡易旅遊諮詢，及簡易道路
救援哦！

金山
磺港漁港

原在百年前，有一群人半夜就扛著魚貨從金山（金包里）出發，穿過當時的大屯山、草山，就在天剛亮不久時抵達台北士林，甚至大稻埕地區販售，之後再原路回到金山。

這條全長三十多公里的崎嶇山路，在那個沒有汽車運輸的年代，是金山地區對外的重要道路。而「磺港漁港」就是這條「魚路古道」的主要起點。

現在的磺港漁港停滿大小漁船，主要都是在台灣近海附近捕魚。從船上的外觀裝備大致上可以判斷船隻主要捕撈的對象，比如：在船軌上布滿大小燈泡，就是捕撈「小管」、「魷魚」的船隻。

這些船上的大燈泡叫「集魚燈」，是用來捕捉一些趨光性強的魚類、魷魚、小管。

船上都有附近信仰廟宇恭請來的
「神旗」，一來祈求出海平安，二
來也希望每次出海都能滿載而歸。

CT2.
惠隆

金山 磺港漁港延繩釣

在磺港漁港的港邊不時會看到許多一簍一簍的方形簍盆，裡面擺著一綑繩子，然後盆子的四週邊等距掛著一門一門的魚鉤。一群外籍漁工或是老太太們就一人負責一盆，把一塊塊剪好的魷魚勾在魚鉤上。空氣中瀰漫著腥鼻的味道，還有蒼蠅在四處亂竄。老太太們似乎早已習慣這樣的工作環境，我好奇的詢問，他們告訴我這叫做「延繩釣」，台語叫「捧棍仔」，簡單來說一條主繩上綁上許多副繩，副繩上各有一門魚鉤，把

主繩順著海流放入海中捕捉魚群，也就是說眼前看到盆子內的繩子就是主繩，盆邊週遭的就是副繩上的魚鉤，一個盆子大約有兩百門吊鉤，上面勾滿買來的「大魷魚」當魚餌，腥味濃厚才能吸引魚群上鉤，一艘船出海大約需要二十五盆這樣的釣具。「延繩釣」是祖先流傳下來的捕魚方式，和現代

以深海大魷魚為餌食，因為腥味較重，比較能吸引魚群來吃。

一盆延繩釣具大約有兩百門魚鉤，每次出海都要攜帶二十～二十五盆。

漁船大約都是傍晚出海捕魚，所以白天可以看到許多漁船停在港邊整備。

那些「拖網漁船」的拖網「大小通殺」的捕魚方法相比，「延繩釣」的捕魚方法比較能維護漁獲資源，是對海洋較為友善的捕魚方法。不過近兩年來漁獲資源逐漸遞減，現在一艘船出海的中魚率逐年降低，往往一艘船補撈的漁獲都不及出海的人工跟油錢。

每次出海回來，外籍漁工就要整理釣具。

花枝透抽

鮮蝦

羅勒葉

小番茄

青醬基底

金山磺港
貪心咖啡館

主廚之一的 Eddie 來自美國紐約，退休前他是一名會計師。跟他聊天需要中英文交錯使用，他說美國沒有台灣方便，有時候要吃個快餐可以選擇的品項不多，最方便又快速的選擇就是 Pizza 了。不過，說真的，美國的 Pizza 有很多做的很好吃的店家，他回台灣之後就一直找不到他喜歡的 Pizza，最後只好自己研究做出自己滿意的 Pizza。他使用了許多好的食材，例如說：Pizza 麵皮的麵粉就是用最高等級的、海鮮食材是就地磺港漁港每天現抓現捕的新鮮漁貨，自己栽種羅勒、迷迭香、百里香等香草植物。配合上「自己吃」的心情與帶著一點點藝術家追求完美的個性，成就一盤美味。

Eddie 說他從美國回台灣是要退休的，騎車玩耍了兩年，好客的他在家裡經營只有「熟客」才知道的私人廚房，抱著交朋友、好玩的心態，不計盈虧，邊玩邊做、邊做邊玩。

往金山老街

貪心咖啡館

礦港食不厭

礦港路

文聖宮招牌

往礦港碼頭

礦港漁港

往礦港大橋

Eddie 來自美國紐約，一般來說主廚的角色就是做好烹調食物的工作，我覺得他很有趣，很像我們去西方高級料理餐廳的主廚，會跑出來跟客人聊天，而且會介紹 Pizza 的食材及內容物，聽他說起 Pizza 的「故事」不自覺得讓人感覺這片 Pizza 都好吃了起來。

有時候我發現，人只要做自己開心的事，臉上的那種喜悅是掩飾不了的，尤其是自己開心的事又遇到知音。那種心情上的認同感似乎是多少金錢都難以取代的。

其實，跟 Eddie 的對談中似乎領略到佛家常說的「隨緣」二字，生命中很多事物都無法算計，西方諺語也說：「上帝幫你關上一道門，就會為你開另一扇窗。」很多事情都是「無心插柳柳成蔭」，抱著「玩」的心情去面對很多生命中的人事物，或許一塊 Pizza 也為我們上了寶貴的一課。

金山市場 七號食堂

如果說，要找一家隱藏版中的隱藏版店家，我想沒有人比金山市場內「七號食堂」來得更隱密了！只有九個位置的食堂，完全複製日漫《深夜食堂》的氛圍，老闆三哥一個人坐鎮，今天買什麼魚就吃什麼魚！

這是一家只賣「魚」的食堂。如果你不是熟客，老闆會問你，會不會吃魚。不會吃魚，他就婉拒入店，今天沒有魚，他也不開店。三哥每天從礦港漁港的漁船直接買魚，他烹調魚也做魚的教育。

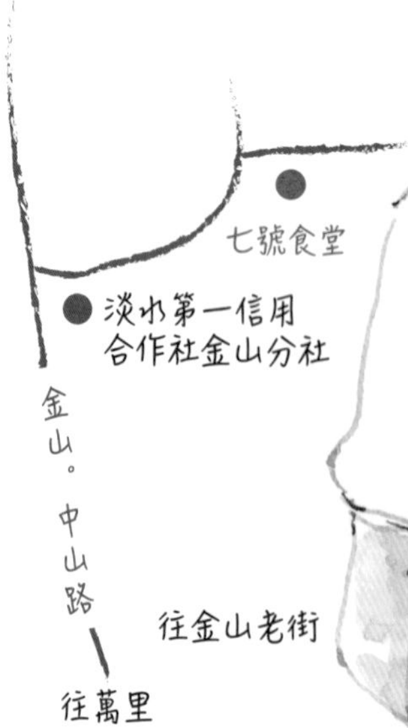

報導我也沒用！
也許明年我就
想要退休了！

七號食堂

● 淡水第一信用
合作社金山分社

金山。中山路

往金山老街

往萬里

老闆 三哥

香煎紅秋哥

涼拌龍鬚菜

鮮蝦蛤蜊清湯

甘心默默等上菜的客人

全店只有九個位置，老闆今天魚賣完，就不收客了！

老闆寬哥原本是板模工人，因為愛咖啡才棄武
從文。「礦港食不厭」從廢墟到眼前這後工業
風的餐廳建築，每一磚都是他自己設計完成，
他是最佳斜槓人生的代表。

往金山老街

貪心咖啡館 ●

礦港食不厭 ●

礦
港
路

文聖宮招牌 ●

往礦港碼頭

礦港漁港

往礦港大橋

金山 磺港食不厭

許多人都不知道「磺港漁港」，觀光客大部分都會去獅頭山的另一頭「水尾漁港」遊憩，平日磺港漁港裡除了老人、釣客與漁工外，幾乎看不到什麼人。我認識食不厭老闆寬哥已經十多年了，他當初告訴我他要來磺港漁港這邊開食不厭分店我有些意外，總是覺得人潮不到這裡也替他擔心。寬哥把漁村一間沒有屋頂的廢墟開始重新改建，從砌牆頂、電工管線、泥作裝修等一磚一瓦都自己搞定。也從中引起當地老人家們的關切，畢竟靜璞的漁村已經許久沒有新的氣象，村裡都是以捕魚為主，正式的餐廳幾乎不會把磺港漁港列為開店的地點，村民們充滿新鮮感，當然也會害怕，害怕人潮為他們平靜的生活帶來不便。我想在裝修的初期雙方都有其擔憂的地方吧！

不過，社群媒體真的無遠弗屆，臉書的宣傳行銷，加上食不厭在金瓜石、水湳洞分店已經累積不少忠實顧客，吸引許多粉絲來此朝聖。也為漁村帶來不同的氣息。

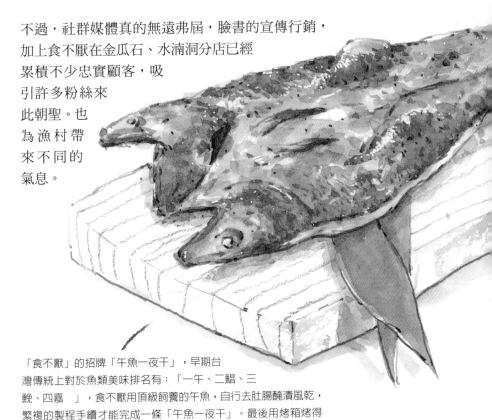

「食不厭」的招牌「午魚一夜干」，早期台灣傳統上對於魚類美味排名有：「一午、二鯧、三鮸、四嘉」，食不厭用頂級飼養的午魚，自行去肚腸醃漬風乾，繁複的製程手續才能完成一條「午魚一夜干」。最後用烤箱烤得酥脆，配飯配酒都是很棒的料理。

金山 礦港溫泉

礦港漁港附近有一座溫泉公共浴池與泡腳池，許多爬完陽明山的山友都會熟門熟路的知道走完山路後來此地泡泡腳舒緩雙足。這裡得到「台灣溫泉發展中心」的認證，證實此處為「鐵泉」，湧出時透明無色，但是與空氣接觸後氧化變成金褐色泉質，這種泉水在日本有「黃金之湯」的美名。清朝年間來台採硫的郁永河，就在他的《裨海紀遊》中寫下大屯山的採硫日誌，所以金山、萬里地區有豐富的地熱溫泉。根據金山區公所記載，全台灣僅存的公共浴場只有二十間，而金山礦港一帶免費的公共浴池就占了五間，其密度之高可見一斑。許多當地的阿嬤都是從年輕泡到現在，據他們說即使現在年紀大了有甚少發生筋骨痠痛等老人常見疾病，更不用說阿嬤們膚質也是一極棒的！

其實這些浴場對在地人來說也是另一種形式的資訊交換中心，大家衣服一脫坦誠相見，將一天工作的辛勞對老闆的埋怨，或是在家裡無法對人說的婆媳干戈都在此發洩，尋求解套的宣洩，看不出一座小小的浴場隱藏多樣化的功能。

金山地區也有許多私人的溫泉浴池，像是知名的「舊金山總督溫泉」，它頂樓的大眾池在天晴之日就可以眺望遠方的海岸線，如果喜歡這樣海天一色的泡溫泉體驗，也不妨可以選擇這樣的行程，洗滌一下疲憊的身軀。

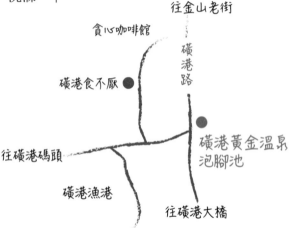

往金山老街

貪心咖啡館

礦港路

礦港食不厭 ●

● 礦港黃金溫泉
泡腳池

往礦港碼頭

礦港漁港

往礦港大橋

金山
金山老街

金山舊名「金包里」，名稱來源是此地原來是凱達格蘭族的「金包里」社的社名，日治時期，本地稱為金包里堡。民國九年，有鑒於此地背大屯山，乃去其「包」字，加上「山」字，成為「金山」，光復後，改設金山鄉。

金山老街在清代原本就是當地重要的商業街市，但同治年間的一場地震，舊時的建築已不復見，現在看到的大多數都是後來重建的建築，以台灣傳統閩南式長型連棟式，後來也有不少店家加入巴洛克風格，可惜後來因道路拓寬等因素拆除，老街現在是觀光客來金山必到之地，在此用餐打牙祭、購買農特產等。

老街上還有一家百年的博愛中藥鋪，建於清光緒年間，是老街上最具特色的巴洛克式建築，它以立面前廊紅磚砌成的拱形構造最為特殊，如今這樣的工法與技術幾乎已經失傳。根據當地耆老說，房子的主人原姓蔡，當初在基隆工作，收入頗豐，才請人興建這座漂亮的建築，只可惜富不過三代，家產被子孫散盡，最後才轉賣給王姓人家。洋樓的內部除了結構外，裡面還保留許多百年的藥櫃、家具等。儼然是一座歷史縮影。

金山老街由於是附近人潮聚集處，因此當地小農每天都會帶著自己栽種的蔬果農作物來這邊，有點趕集的味道。不同產期也會買到不同季節的農作，也能看到用這些作物加工製成的古早味食品，麻荖、蕃薯餅、古早味冰品、芋頭糕等等，很值得來此一遊。

金山 水尾漁港神祕海岸

往金山的水尾漁港方向走到盡頭，翻過海堤邊的一個角落階梯，看到的是一片海蝕礁岸，你以為這裡就是傳說中的「神祕海岸」嗎？當然不是。前方二十公尺的石壁下有一個海蝕洞，要穿過那裡才是真正海岸。這樣的感覺有一點像陶淵明寫的「桃花源記」中寫的「從口入。初極狹，才通人。復行數十步，豁然開朗。」是啊！真的是跟這段文字裡記述的一樣，眼前一片豁然開朗，礁石堆疊一片海天成色，如果春夏季節來的時候，還能看到近海的礁石上變成一片翠綠色，好像有人把一塊塊礁石都鋪上了綠色毯子，浪花拍打在礁石上濺起如啤酒上白色的泡沫，綠色、白色、藍色、褐色，海岸上充滿不同的自然色彩。

即使海邊的日照燠炯，讓人待不了太久，但是遊客撐著陽傘低著頭還在潮間帶的孔隙中尋找許多殼貝類的蹤跡，我常覺得人們回到自然環境裡，不論幾歲，那種兒趣的記憶不自覺得都會憶起，童年在潮間帶覓蟹抓蝦的回憶。

這裡的礁岩平坦與海還有段距離，適合小朋友來潮間帶尋覓。

金山獅頭山公園

金山 燭台嶼

從礦港漁港的獅頭山步道拾級而上，一路樹蔭遮陽，偶爾從樹間的縫隙中可以望見礦港漁港的俯瞰景致，可看見遠方金山近郊的山巒起伏，或可看礦溪出海口，走到尾端往海面朝望，海面上的陽光絢爛。「燭台嶼」是號稱金山八景之一，高約六十公尺，原本是礦港半島的末端，由於早年該地地盤上升，加上海水不斷激烈地侵蝕，使其與半島分隔，隆起的礁石經過長時間的海浪侵蝕，下方的海蝕洞逐漸貫穿成海岬，形成類似石門的海拱，後來海拱頂部崩塌，形成顯礁，就是海石柱地形，石柱岩基相連，水面上分歧為雙嶼，外形宛如一對燭台，所以被稱為「燭台雙嶼」。

聽當地耆老的說法，這座「燭台嶼」有一個美麗浪漫的傳說故事。據說以前有一位少婦，丈夫出海捕魚許久未歸，她每天在海邊盼望等待，最

終化為石頭；沒想到丈夫過不久回來了，看見自己的妻子變成石頭，十分難過，終日以淚洗面，最後自己也化為石頭，夫妻互伴。

每次聽完這樣的稗官野史，不管真假，故事雖然浪漫美麗，但是也述說漁家捕魚的辛苦與在家等候的家人，那種生死心懸的煎熬感，確實令人動容。

金山
李芑豐古宅

遠遠望去主屋燕尾屋脊就知道，這家的主人在當時
必是有權有勢。屋外立的石碑述說著主人的故事。

李芑豐古厝為傳統的閩南三合院，左右有雙護龍。三合院的正廳屋脊有
翹起的燕尾裝飾，顯示當年李家的顯赫地位。根據石碑上說，這是清嘉
慶十五年，李家來台第一代李佈所建，他在嘉慶二十二年獲皇帝賜封「汝
顏進士」，在金山、基隆、三貂角一帶廣置田宅，後又因中法戰爭有功，
授五品軍功頂戴職銜，並以「李芑豐」為家號。李氏子孫也很上進，多
人考取文武秀才，也使這座超過二百年古宅與眾不同。

古厝前院的外埕有一半月形的風水池，後方有茂密的竹林，符合傳統的
風水觀念。古厝建築則是下半部以石條堆疊做為基石，上半部以紅磚砌
成「斗子牆」，這也是常見的紅磚大厝的建築型式。屋頂上的剪黏裝飾
值得一提，水生植物、雙魚搶珠、福祿壽三仙等工藝技法精湛，足以看
出李家富甲一方的豪奢，目前「李芑豐」古宅仍有李家的後人在此居住，
畢竟是人家家裡，只在外圍漫步參觀。

古代防火設施與觀念不足，起建大屋時都希望能保佑不遇祝融，因此都會在屋脊處放上水生水族的圖像，保佑這間房子能平平安安，所以「李苞豐」古宅馬背屋脊上看得見「鯉魚搶珠」等圖案，整個圖案上的剪黏藝術工藝年久失修，上面的磁片多半脫落，但仍可以感受當初落成嶄新時的華麗風貌。

野柳
野柳地質公園

「野柳」一個在台二線公路上不能遺忘的鄉鎮，幾乎來台灣的觀光客不會遺忘的北台灣重要景點。

看過野柳的海蝕地質你不得不佩服大自然才是最一流的藝術家，其中最有名的就是那座「女王頭」蕈狀岩，其他還有很多各種造型的海蝕礁岩，野柳的地層主要是由沉積岩所組成，海岬與海灣的形成是因岩層被侵蝕後凹陷形成海灣，而堅硬、抗蝕力強的岩石便相對突出形成海岬。野柳的岩石因長期受到地層擠壓，

「女王頭」是野柳最著名的蕈狀石地標，據研究它已經有四千歲了，因長期風化的關係，女王頭每年以 0.2~0.5 公分的速度在減少中，女王頭的頸部從 2008 年的 138.27 公分到 2020 年的 122.18 公分，有人預估約 10~15 年這個地標將會斷裂。

與東北季風的吹拂，產生風化作用，形成各式各樣的奇石。在岩石表面可以看見許多風化紋。

野柳的海蝕平台上有兩群外觀似磨菇，上部是一個粗大的球狀岩石，下方是較細的石柱佇立著，這種岩石稱為蕈狀岩。女王頭就是野柳最著名的蕈狀岩。除此之外，這裡還有如：薑岩、燭台石、海蝕壺穴、溶蝕盤、豆腐岩、海蝕溝、蜂窩岩、風化窗等等。這裡的地質變化之大、樣式之多，超乎想像。

在我小時候曾經到過野柳一次，小時候的印象只有「女王頭」而已。長大後每次到野柳都匆匆而過，此次再訪已經超過三十年了，感觸頗深，覺得台灣的山海風物真的足以令人玩味再三。

野柳 野柳祕境「駱駝峰」

出了野柳潮境公園再沿著海邊的漁澳路往前走，不到三分鐘的路程就可以到另一個祕境「駱駝峰」與「九孔池」。

早年台灣的海邊幾乎都是軍事管制區，只要是突出的海岸岬角都會自然而然變成軍方駐守的地點，駐軍單位也都會在該地建一個小型的守衛碉堡，作為觀測與第一線防衛的需要，當然你只要爬上「駱駝峰」這個海岸制高點，就可以看見一個以前軍人開鑿出來的地形碉堡，碉堡在「駱駝峰」的峰頂，是直接岩石挖空再做一個門與幾個不同角度的觀望射孔，由於是直接岩石開鑿的，不近看幾乎看不出這裡有碉堡防衛；從碉堡的位置可以望見對面的「野柳地質公園」的半面山、基隆嶼、協和火力發電廠等。天氣好時視野開闊，與天幾乎看不出分際線，下方公路整個盡收眼底，難怪這裡是許多網美打卡的聖地。

離開「駱駝峰」往下走，幾乎就在駱駝峰的正下方有一個已經廢棄的九孔池，九孔是台灣北海岸與東北角地區的經濟養殖水產，台灣九孔的養殖歷史要追朔一九七〇年代，但是自從大約二〇〇二年左右開始因為近親繁殖、水質不良、病毒疾病的發生等因素，台灣九孔產業一夕之間崩壞，造成東北角海岸許多養殖場都廢棄，所以駱駝峰下的這個「九孔池」也是當時留下的產物。不過有句電影台詞說「生命會自行找尋出路。」這個九孔池因為背景是藍色的天加上褐色的駱駝峰，色彩對比強烈，下方的九孔池上分隔殘破的橫直線水泥步道，將海的藍切割成一塊塊的矩陣，有後現代的感覺。就這樣這裡變成網美拍照的絕佳背景，不管平日或假日只要天氣好，人潮絡繹不絕。

與「九孔池」

基隆 大武崙白沙灘

基隆外木山的海邊多半是礁岩地形，大概只有大武崙這裡有一片沙灘，許多人都不知道，這片海灘有一半是「人工」做出來的，原本沙灘的面積不大，基隆市政府經過整地，剷除多餘的礁石，再花了二、三百萬購買大陸沙填積而成這個海水浴場。由於這個海灘背面的山崖，好像手臂一樣把整個海灘包圍住，即使外海風浪大也不會影響戲水的安全性，所以夏天這裡幾乎一位難求，海邊人潮滿滿，親子戲水、情侶踏浪，豐富了基隆在地人與許多慕名而來的外地人的夏天記憶，你只要在傍晚站在沙灘上就可以遠眺正對面的基隆嶼，好不浪漫。

沙灘上可以看見父親帶著孩子在沙上散步、戲水，小孩很小好像是第一次看見海、踩著浪花面對海水，有興奮又帶著一點點害怕的樣子，非常溫馨。

也因為這個海灘，讓原本只是一個平凡的海邊漁村變得更不一樣。這裡推薦一家只要沿著步道往西走，會看見一個叫「湖海灣」的咖啡館，天氣好的時候這裡看到的風景又跟剛剛的海灘不同，點一杯咖啡，傻傻的放空自己的思緒，目光就看著遠方海平線上的船隻，或是盯著天際線上的鷗鳥，耳朵只有潮浪的拍岸聲，嗅著來自大海的氣息。這樣的片刻時光真的令人陶醉再三。

另一端的年輕猛男從海裡走上岸。

基隆 郵輪碼頭

說起基隆市，除了多雨讓台灣人意象深刻外，不外乎就是廟口的美食。但是近十年前基隆港引進郵輪靠岸，發展郵輪旅遊後，基隆變成北台灣人要搭郵輪的出發地，讓基隆的發展出現新的契機，台灣是亞洲郵輪生意的第二名，僅次於中國大陸。

站在基隆的海洋廣場，特定時間都可以看見一艘數層樓高的大郵輪停靠在港務公司前面，入關或出關的人潮洶湧，船尾的工作人員正忙碌著將數噸的生活物資搬上船艙內，供給數千人接下來幾天的生活補給。我也搭過幾次的郵輪前往日本沖繩、宮古島旅行，郵輪出入海關的方式跟搭

飛機差不多，安檢、護照檢驗都是正常的流程，進到郵輪內部後分配房間，房間不大，大概床鋪沙發就塞滿了，較為特別的是房間內的家具大都被固定住，無法擅自移動，怕的是遇到較大風浪有移動上的危險吧！

在郵輪上吃、喝、娛樂都有特定的區域及服務人員幫你安排好，一天供給六餐，真的不誇張，分別是：早餐、早茶、午餐、下午茶、晚餐、消夜。而且總共有三、四家不同料理口味的餐廳在服務船上的賓客，另外只要開進公海，船上的賭場娛樂就開始，晚上還有歌舞表演等等。在船上只要不要遇到過大的風浪，基本上是平穩的，只會不時有點微晃的感覺，這樣的感覺在睡覺時有回到兒時在搖籃內的感受，滿舒服的！

郵輪帶給基隆當地新的觀光契機，有些郵輪載著數千名國外觀光客，參訪台灣時在基隆靠岸下船，無形中也為基隆在地商家帶來更多觀光商機。

基隆 基隆燈塔

基隆港口大家都很熟悉，但是「基隆燈塔」卻很陌生。「基隆燈塔」要從光華路旁通往白米甕砲台道路進入到底，旁邊的小路上去。基本上基隆燈塔目前為止都還是管制區，但是旁邊的周圍景觀平台是可以進入的。不過這樣也足夠了，從旁邊可以見到整個基隆港口貨櫃正在吊掛的過程，

底下各式各樣顏色的貨櫃就像積木一樣的規規矩矩擺放在港口邊，等著被吊掛上船。這裡的視野不錯，天氣好時可以清楚看見遠方的基隆嶼礁岩與稜線，基隆港尾端延伸出來的海堤好像是小尾巴浮在海面上，招呼著船隻入港。

燈塔是純白色的建築配上藍天有希臘地中海風，已經超過百歲的基隆燈塔建於一九〇〇年，原本只是磚砌圓塔，一直到一九六二年才改建為鋼筋混凝土的結構。

台灣長期對海洋的禁錮，讓人們對海洋都有一份神祕的嚮往，燈塔就是其中的標誌之一，或許燈塔守門員晝伏夜出的工作型態，給他們一份安寧是必要的，但是有時也可以不定期的開放，讓更多民眾了解到這個只在書籍或影片中，既神祕又特殊的工作業態。

基隆 三姐妹熱炒店

編輯跟我說，基隆廟口耳熟能詳，請我推薦不一樣的，我把這家「三姐妹熱炒」才是真正在地人的口袋名單之一分享出來。只有基隆人才能超越基隆人，我覺得基隆廟口的美食已經非常讓我魂牽夢縈了，吃過三姐妹後，你才知道，真正的「台味」是什麼！

印象中我已經忘記是誰帶我來認識三姐妹，不過那不重要，連基隆在地畫家王傑老師都極力推薦的店家絕對不會差的。「三姐妹熱炒」開在中山陸橋附近，這家店推薦的是海鮮炸物紅燒鰻跟蚵仔酥，附近就是坎仔頂魚市，新鮮度直逼海裡現抓。

忠二路

基隆市孝四路

● 三姐妹熱炒店

「蚵仔酥」用新鮮蚵仔現炸，起鍋後加點胡椒鹽，這道是每次來漁港用餐必點的料理，雖然看似簡單，但是起鍋時沒用大火將油逼出，蚵仔酥吃起來會有油膩感，因此簡單中還是很不簡單的。

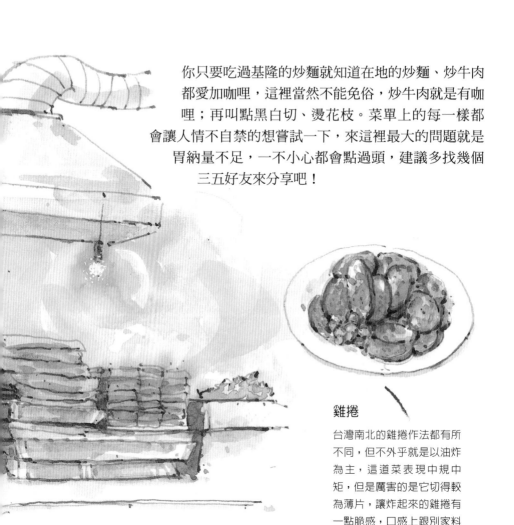

你只要吃過基隆的炒麵就知道在地的炒麵、炒牛肉都愛加咖哩，這裡當然不能免俗，炒牛肉就是有咖哩；再叫點黑白切、燙花枝。菜單上的每一樣都會讓人情不自禁的想嘗試一下，來這裡最大的問題就是胃納量不足，一不小心都會點過頭，建議多找幾個三五好友來分享吧！

雞捲

台灣南北的雞捲作法都有所不同，但不外乎就是以油炸為主，這道菜表現中規中矩，但是厲害的是它切得較為薄片，讓炸起來的雞捲有一點脆感，口感上跟別家料理不同，各有特色。

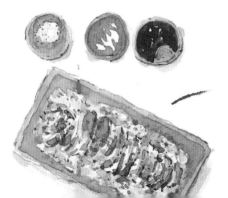

燙花枝

這道料理也是不容易，首先花枝必須要新鮮，也可以用軟絲，重點在兩者的口感與咀嚼感不同，但是不論如何，新鮮度決定一切。另外一個決勝關鍵在沾醬，五味醬要調得好純屬廚師的功力，醬料比例容易，但是其中的拿捏就是祕訣，當然也有人會上芥末加醬油，亦是另有風味。

基隆 藻遍海餃

這家「藻遍海餃」水餃店在往忘憂谷的八斗子漁港旁邊，門口有一片黃色的大布旗是它的招牌，當然你也可以從排隊的人潮找到它。這家店賣的多半是跟「海味」有關的平民食物，如它最有名的水餃就有「海菜水餃」、「小卷水餃」、「飛魚卵水餃」，不同於我們平時吃的水餃，不同口味水餃的外皮顏色也不同，上桌的一大盤有黃色、綠色、白色等。對畫家而言有色彩的水餃看來就是賞心悅目；還有其他如：XO海藻乾麵、海菜丸子羹湯。都有很多人喜歡，重點是價格實惠，一個人頂多百來元就能飽足一頓了。

我常在漁港旅行，常常會覺得漁港附近用餐都必須進餐廳，對於只是趕時間簡單裹腹的我常覺得困擾，因此，當發現這家店，既能吃到「海味」、又快速、價格實惠，當然值得推薦給大家。只是假日人潮較多，美食也是值得期待與等待的。

往碼頭

藻遍海餃 ●

漁港一街

八斗街

往台二線

往台二線

飛魚卵水餃我個人滿喜愛的，店家都不定期
會研發其他口味的水餃，每次來都有驚喜。

基隆
許梓桑古厝

基隆廟口附近的「阿華炒麵」是許多在地人喜歡的好味道，但是我們今天不是要介紹這家炒麵，而是從阿華炒麵對面的小巷子進去，沿著階梯爬上小坡，途中會經過許多住家後門，走到頂端會看見一間已經頹圮的老屋，屋子裡已經被大樹包覆，但是從外觀與建築的形式可以感覺到這間屋子的主人非富即貴。

這裡是連許多基隆人都不知道的「許梓桑古厝」（原名「慶餘堂」）。

許梓桑是何許人？許梓桑是日治時期基隆當地仕紳，他早年參與地方政治與基隆富商顏家往來密切，也積極參與基隆詩壇占有一席之地。原本他家住在基隆市內，但是因修築基隆港的關係，被迫遷移住家，一直到一九三一年才到這「少將山」上修築這棟「慶餘堂」。一直到二次大戰為了躲避空襲，才搬離這裡，最終後代因為產權問題談不攏，以至於把這座宅邸荒廢至今。

每次來到基隆逛逛廟口小吃攤，或者吃完「阿華炒麵」如果有時間的話，都會刻意走上許梓桑古厝這邊逛逛、看看，古厝居高臨下，看著下方熱鬧的街市與廟口人聲鼎沸，在古厝駐足反而分外安靜，我想當年許梓桑

先生在此建屋，也是想遠離紅塵喧囂留一份靜謐吧！在展望遠景市區萬丈高樓逐一而建，已非當年許先生想像，留下古厝或許只是想讓後人能理解，前人胼手胝足的辛酸，只是台灣有許多古宅都跟許梓桑古厝一樣，後代因為產權物業所有權的爭執問題以至於荒廢、頹圮，我想反而是前人所不願見到的吧！

基隆
月松飲食店

沒看過一家店如此低調，低調到讓人不知道這
家店的存在。「月松飲食店」位在基隆中正路安瀾
橋附近，基本上它就像台灣早期的食堂一樣，店家是位和
藹可親的老太太，都把客人看成自家的孩子與孫子一樣，以便
宜的價格讓客人吃個飽，遇到熟客也可以客製化煮碗什錦麵、肉絲
炒飯等菜色，這裡吃的不只是一餐，而是那份溫暖的親切感。

說真的，每次經過這裡都不會注意到這間不起眼的老房子，一樓的屋頂
有些爬藤植物垂落，鐵門早已鏽蝕，門口不與地平而是略微低窪。要注
意它確實有困難，要不是朋友寬哥介紹我還不知道。門口有一個突框料
櫃，古拙的味道特別有感，上面擺了許多炒好的菜色，就像自助餐一樣
可以打飯包便當，老闆娘把廚房做在一起，現炒現煮，幾張桌椅已經有
客人在用餐了。我第一次來沒有什麼概念，點了魚、肉、青椒、高麗菜
和二碗飯，這樣吃不到二百元，這價格真的是佛心來的。併桌的顧客點
了一碗什錦麵，上面滿滿的料，要不是我已經吃飽了還真的想來一碗！

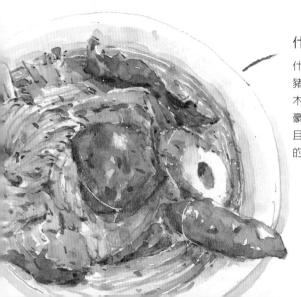

什錦麵

什錦麵滿到快溢出來，碗中央的厚實
豬肝已經很少見了，還有魚板、竹輪、
木耳、白菜、瘦肉，老闆娘給料給得
豪邁，都懷疑這樣給會不會虧錢，而
且她還堅持一份一份煮，真的對自己
的料理十分堅持。

往基隆市區

之後。每次經過
這裡，我都會特別看一
眼這家店，古拙的店面讓人有
回到一九七〇年代的台灣風光。

往和平島

2

月松飲食店

祥豐街

豐稔街

高麗菜

從前台點了一盤高麗菜，老闆娘給得很
多，還說多吃菜好！真的是佛心來的。

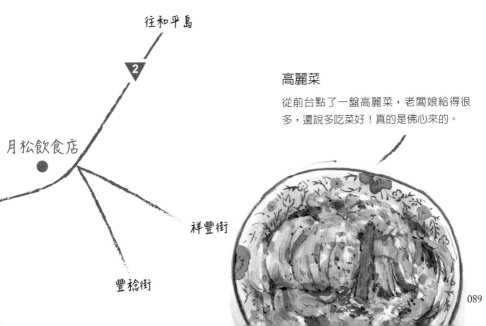

基隆 林家原汁豬腳

台灣巷弄的小吃店都是沒有裝潢，幾張桌子，一個廚台就開始做生意了，剛開業真的沒有想太多，簡單的初衷就是賺點錢糊口過日子而已，至於人手方面通常都是家人自己來幫忙，也不懂聘請員工，就算日後需要人手都優先找親戚或附近鄰居，往往這樣一做就是數十年，顧客一吃就是二、三代人起跳。就這樣一直到老闆的身體開始覺得疲憊出現痠痛了，發現自己年紀已屆銀髮，才開始思考接班問題。

基隆市義二路巷子裡的這家「林家原汁豬腳」就是這樣的例子。老闆經營數十載，每天十點開門到售完，數十年下來不懂服務、不懂裝潢美感，他只在乎自己料理的口味是否一如初衷，其他的都不重要，是的！這也是上門來的顧客願意來店的主因。一般來說，豬腳這味食材都以滷製，全台各地以滷豬腳為招牌的店家不在少數，這家店則是以清燉為主打，

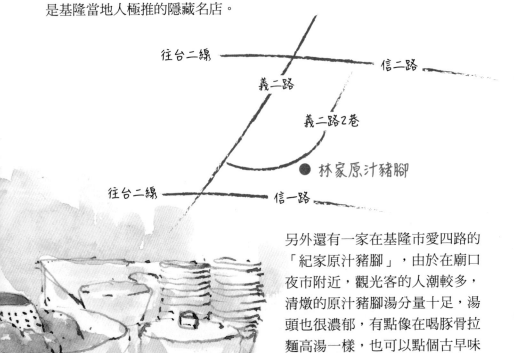

「清湯豬腳」在早期是家中有長輩壽誕時吃的料理之一，處理上十分繁瑣，而且前腳與後腳的口感也略有差別，前腳肉少豬皮Q彈，但骨頭較多；後腳的肉多，但烹調過頭肉質容易柴，一般來說婦女小孩較愛吃後腿，男士較愛啃前蹄。

處理過豬腳的人都知道，豬腳上細毛頗多，也無法使用機器除毛，頂多火烤一下，但是要處理乾淨只能用人工一根根的連根拔除，頗為耗時耗力；加上豬腳的燉煮需要用小火以人力看顧，才能煮出牛奶白的湯色，湯頭濃郁不油膩，他的白湯豬腳肉嫩而不柴，豬腳皮 Q 彈不韌，口感極佳，雖然老闆有附醬油，但是我反而覺得醬油破壞了原汁豬腳的香氣，這家是基隆當地人極推的隱藏名店。

往台二線
信二路
義二路
義二路2巷
● 林家原汁豬腳
往台二線
信一路

另外還有一家在基隆市愛四路的「紀家原汁豬腳」，由於在廟口夜市附近，觀光客的人潮較多，清燉的原汁豬腳湯分量十足，湯頭也很濃郁，有點像在喝豚骨拉麵高湯一樣，也可以點個古早味的豬油拌飯或麻油麵線搭配也很不錯。

你知道距離台灣最近的「島」是哪裡嗎？答案就是基隆市的「和平島」，它有一座只有七十五公尺在一九三四年日治時代建的「跨海大橋一和平橋」連接。這裡最早西班牙人在此築城的歷史遺跡。和平島海岸受強烈海蝕作用，海蝕地形發達，有蕈狀石、豆腐岩、海蝕平台與海蝕崖等特殊地形。

尤其和平島上的「蕈狀石」很像一座
座燭台的外形，是和平島上特別的
景觀。

基隆 和平島

尤其是「薑狀石」在島上海岸隨處可見，這樣的石頭結構是因為岩石頭部上含有鈣質或生物碎屑，這些受到海浪的沖擊，和利用海水或雨水的溶解，就會出現小洞，最後逐漸擴大變成現在所看到的「薑狀石」。

八斗子車站

以前「八斗子」這裡只有客運或自行開車過來，在台鐵一九八九年廢止之前。二〇一六年底深澳線復駛之後，這裡就逐漸成為基隆地區的觀光景點，由於這裡靠海，站在月台上就可以眺望海岸線，也因此有「北台灣的多良站」美名。

如果你喜歡海，那麼就應該來「八斗子車站」，從瑞芳車站搭深澳線火車到八斗子車站，站在月台上就可以望見不遠處的東北角海岸線，如果你手腳快，那麼下火車時不要急著走，在月台上拍一張有「山海火車」的照片。八斗子位於基隆市和平島東側，本來是一座小島，日治時代日本人在這裡填土造陸，造就了八斗子灣，這裡最早期是以漁港出名，隨著海博館的成立，八斗子漸漸被許多人知道。

八斗子祕境關鍵字：
容軒步道、大坪海岸、忘憂谷、望海巷、潮境公園

八斗子除了近期比較為人所知的「潮境公園」之
外，還有八斗子附近的一個祕密景點叫「大坪
海岸」，也是值得到訪的地方。

「八斗子」雖然是一個小站，
但是附近也有許多美麗
與不為人知的祕
境，可以特別
來此探訪。

瑞芳 深澳岬角象鼻岩

人們常喜歡把眼前的大自然景物幻化成各式各樣的動物或物件，賜予它一個名字，「象鼻岩」即是一例。

來到「象鼻岩」讓我想到法國印象派畫家的一幅作品，那是他在一八八五年法國北部諾曼第旅行時畫了當地著名的「象鼻山」，那幅畫作的岩石肌理與象鼻岩很像，這種岩石結構都屬於一種叫「天然拱」的岩石結構，「天然拱」又稱「天然橋」，天然拱通常形成在易受海水、河流或風化作用侵蝕的地方，造物者讓這樣的風景出現在這個祕境確實讓人驚嘆。象鼻岩也是網路廣為流傳的台灣三十六個祕境之一，顧名思義，因為它外觀似一頭大象側身矗立於海上之巨岩，懸崖岬角為象身，海蝕拱門細長彎曲的石塊則宛如象鼻伸向大海，象頭與象鼻之間的空隙形成海蝕洞

的拱門景觀。如果從更高處來欣賞這象鼻海蝕洞，可將整個岬角盡收眼底，搭配懸崖下藍色的大海托起岬角巨岩，不得不讚嘆大自然的神奇。

深澳岬角，舊名番仔澳，是位於瑞芳區深澳漁港旁的海岬。也是少數未列入國家風景區的地方。深澳漁港往海岬看山形變成一個印地安酋長的側臉，這也是當地另一個隱藏版祕境景點，在東北角海岸有許多像這樣的山形奇石，除了觀光客拍照熱點外，也是許多畫家們良好入畫的題材，如同莫內畫了各種角度的象鼻山。

瑞芳 水湳洞陰陽海

台灣有三個陰陽海，一個在「龜山島」，龜山島有管制一般人比較難見到。第二個在「金山礦港」，這二個地方海的顏色分野較不明顯。第三個則是較為知名的「水湳洞陰陽海」。這裡是因為海灣顏色呈現黃褐色，與外海的藍色形成強烈的對比，因此得名。

水湳洞的陰陽海成因是因為金瓜石的地下富含鐵礦，鐵質隨著地下水流出與空氣接觸氧化而形成褐色，接著又沿著旁邊當地人稱「古厝溪」的

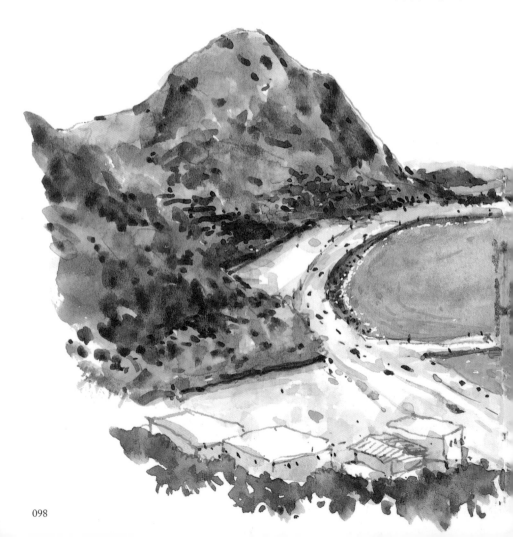

野溪流入大海中，褐色的溪水將原本大海的藍色染成像「奶茶」的色調，這個顏色還會隨著下雨的多寡而改變，在枯水期色調會更濃郁，雨季就更清淡，都跟氧化的程度有關係。

講到水湳洞的「水」，我們就順便講一下「水湳洞」地名的由來，乍聽之下，「水湳洞」的名字感覺當地盛產的礦業、漁業好像沒有關係，「水湳洞」比較像西遊記孫悟空的「水簾洞」。

沒錯！當地里長說了一個故事，以前在水湳洞的「水湳洞選煉廠」（就是十三層遺址）跟旁邊的「威遠廟」中間有一條不知名的小溪，小溪因為造山運動抬升流過一個山洞口，間接形成一個水濂幕，因此被當地人說是「水淋洞」（台語），所以「水湳洞」就是台語的「水淋洞」，不過日治時期因為建設礦場週邊的關係，改變小溪的水路，現在水濂幕不在了，僅存荒煙蔓草的洞口！

瑞芳 水湳洞十三層遺址

在台二線公路水湳洞附近山頭有一座「水湳洞選煉廠」遺址荒棄在山上，遠遠看有人戲稱它是「台灣布達拉宮」。目前這座建築屬於台灣電力公司所有，但它始建於一九三三年日治時代，當初在金瓜石發現金、銀、銅礦，日本礦業株式會社依山坡而建這座選礦場，俗稱「十三層」，現在則稱為「水湳洞選煉廠」。後來也因為國際銅價降低，自行開採已不符成本，選煉廠在民國七十年停工並逐漸荒廢。

這就是「十三層」的由來，也有人把它稱為「台灣版的天空之城」。因荒廢多年，整體內部十分脆弱，

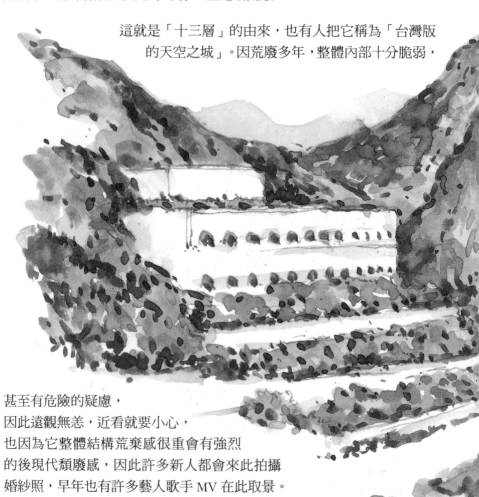

甚至有危險的疑慮，
因此遠觀無恙，近看就要小心，
也因為它整體結構荒棄感很重會有強烈
的後現代頹廢感，因此許多新人都會來此拍攝
婚紗照，早年也有許多藝人歌手 MV 在此取景。

由於當初選煉廠在運作時都會排出許多廢氣，因此在山後建了許多延伸到後山的煙道，不過現在這些煙道也同時與選煉廠一同荒廢，廢煙道總長二公里，高二公尺、寬一公尺半，號稱世界上最長廢煙道，晃如像是三條巨蟒盤桓在金瓜石山上。近年來東北角管理處推廣「水金九」之旅，其中「水」就代表「水湳洞」，而光觀巴士的起點就是在「十三層」遺址下的停車場。

瑞芳 水湳洞關於咖啡館

看過我之前寫過的礦港「食不厭」與「貪心咖啡館」後，應該對寬哥有點耳熟，是的，這家「關於咖啡」的前身原本是水湳洞名店「小魚咖啡」，如果說水湳洞最早的文青咖啡館，就非「小魚咖啡」莫屬了。後來「小魚咖啡」停業了，房子空很久，幾年前才由寬哥在此開店。

故事大概是如此！

鑄鐵鍋牛肋條

牛肋條煎得半熟後，放上燒得熱熱的鑄鐵鍋上，再加入大把的生菜。牛肉外酥內鮮嫩，配上生菜的清香鮮甜，是這家店的人氣料理。

往水湳洞 往台二線

金水公路

● 水湳洞
關於咖啡

往金瓜石   ● 黃金瀑布

海鮮青醬義大利麵

「海鮮青醬義大利麵」是所有義大利麵
餐館中最常見的一道料理，也因為它常
見，做得好不好就很重要了！它的義大
利麵是寬版的麵條，有別於常見的細麵麵
體，寬麵的嚼勁更好，濃郁的青醬醬汁不會稀
稀的，包裹著麵體甩也甩不掉，刨上一點帕瑪森起司，
奶香味更有加分的感覺，海鮮的大蝦與蛤蠣、花枝都是附近漁港
買來的，新鮮度就不用多說了，愛青醬口味的朋友可以考慮這道。

現在「關於咖啡」是由寬哥的小兒子在負責，這家店跟別人很大的不同
是他專賣義式的創意料理，更厲害的是別人的義大利麵條都是買現成製
好的乾麵條回來煮，他們家是自己買一台義大利製麵機，自己揉麵團自
己做麵條，還能做出不同造型的麵體，非常厲害！當然現做的麵條口感
與 Q 勁就是不一樣，有機會可以來試試。

瑞芳 南雅奇岩

在行經台二線公路上經過水湳洞後，往往會被接下來的大山壁與連貫的公路美景所吸引，因此都會錯過另一個祕境「南雅奇岩」。

這一帶的岩層屬於「大埔層砂岩」，堅硬而不易受侵蝕，因各層岩石的硬度與厚度不同，受侵蝕狀況也有所不同，進而產生許多奇特多變造型的礁岩地貌。也因為石頭內含有鐵質成分逐漸氧化形成帶狀的花紋節理，景觀特殊。

這裡的地名「南雅」也是源自平埔族「蒳仔吝」舊稱，據稱「蒳仔」的意思是「雨水多」，這裡確實在冬季期間陰雨氣候天數持續數月，這樣的名字真的很符合大自然的環境變化，古人取名真的很有學問。

在南雅奇岩的對面山邊有一座停車場，來到這裡車子只要停在對面即可，只是跨越馬路要注意兩側的來車。奇岩有步道可以在岩石間游走，唯獨要注意攀爬時人身安全，海浪湍急時也盡量不要下到礁岩岸邊深處，畢竟外出旅行「安全第一」是首要注意的。

瑞芳 鼻頭角燈塔

在航海時代「燈塔」是一個很重要的指標，是船隻尋找陸地的方向，台灣的第一座燈塔建於清乾隆年間在澎湖的西嶼，當時還是以石造建築的塔體為主；後來日治時期採用鐵鑄，從日本鑄造好之後再運來台灣組裝。直到日治後期才改用鋼筋混凝土的結構。

「鼻頭角燈塔」建於一八九六年，原本是鐵鑄六角形結構，直到二次大戰因空襲損壞嚴重，一九七一年才改為鋼筋混凝土。

要前往「鼻頭角燈塔」要從「鼻頭國小」拾級而上，整條步道景觀視野很好，可以遠望附近寬闊海景，鼻頭角燈塔因附近岩層風化，目前暫不開放，只能遠遠畫它，不過也不用擔心上來步道白跑一趟，附近有一個

「聽濤營區」，原本是海軍陸戰隊在山頂駐守的營區，不過隨著部隊撤離後營區就此荒廢，後來有咖啡業者將營區重新整修，賣起咖啡生意，由於「聽濤營區」沒有車道可及，因此所有物資都是人力駝工上來，十分辛苦。在營區邊可以遠眺海面，心情也讓人開朗。

龍洞 龍洞攀岩場

龍洞攀岩場（龍洞岬）位於東北角海岸，這裡是台灣唯一國際級的攀岩場，全長約二公里，岩壁最高處約七十公尺。據說因這裡的地形蜿蜒崎嶇，如同蛟龍盤據因此才叫「龍洞」。這裡的地質是四稜砂岩，自三千五百萬年前開始沉積，經年累月風化、地震、海蝕、地殼變動等自然因素交互作用下才變成今天所見。

攀岩運動又稱「岩壁上的芭蕾」，形容攀岩者在岩壁上的攀岩過程，如同芭蕾舞者在岩壁上跳舞一樣。這裡已經有許多攀岩愛好者完成了五百多條的攀登路線。岩壁下方有較大的腹地可以休息。來到這裡你可以看到，在岩場上面爬的爬，在下面的聊天打屁聽音樂煮咖啡，溜狗的溜狗、溜小孩的溜小孩，這裡是攀岩者的天堂。夏天熱，就去旁邊泡泡海水。在「和美國小」再進去一點的地方，有一塊天然礁岩形成的內灣，很適合浮潛，知名的龍洞浮潛、龍洞跳水都在這裡。

龍洞 龍洞大海蝕洞

在這網路資訊發達的年代，要找尋真正的祕境，應該跟記者要跑到獨家新聞一樣困難吧！

龍洞這裡有一條「龍洞岬步道」沿著步道走會看到旁邊有一條不起眼的小徑，很顯然這條小徑是被人走出來的，從這裡一路可以下切到「三支磯釣場」。可能很多人不了解「三支磯釣場」是一個地名，龍洞到和美這一段近兩公里距離的海岸有四個突出的岬角地形，就被人分別稱：一支、二支、三支、四支。而「三支磯釣場」是磯釣釣客的最愛，但是這一帶由於角度方位的關係，浪較大，因此危險度也較高。沿著礁石跳上跳下的，雖然只有不到五百公尺的距離，但是著實累人，尤其附近都沒有遮蔽物，讓人感覺快曬昏了。好不容易走近海蝕洞，海蝕洞的門口有六、七十公尺的高度，洞中是堅硬的四稜砂岩，走近看才發現巨岩的寬闊與節理的層次，真是佩服大自然的鬼斧神工。

貢寮
尤家正老牌福隆便當

台灣的火車歷史可以追溯到清代時期，劉銘傳建了基隆到新竹的第一條鐵路開始，日治時期日本總督府才完成了南北鐵路交通的貫穿。以前火車開得慢，從高雄北上台北都要將近十個小時，因此都會衍生出火車便當。台灣的鐵路便當從日治時代就有了，當時一九一二年就有所謂的「食堂車」了，直到一九四九年後台鐵開始在高雄、台南、台中、台北、松山五個車站的鐵道餐廳生產鐵路便當，人們也在搭火車時習慣購買便當在火車上裹腹，逐漸成為一種生活記憶。

鐵路管理當局除販賣自產台鐵便當外，也開放民眾在車站月台上兜售便當，較為有名的就屬福隆、池上、關山、奮起湖；據福隆當地業者所言，福隆車站於一九五〇年代晚期開始出現月台便當，現在福隆火車站附近賣火車便當的店家很多，每一家都說自己是正宗的福隆便當，其實，誰是正宗已經不可考了，而且考證這個也不太有意義，畢竟吃東西是很講求個人口味的，青菜蘿蔔各有所好。我個人是偏好在鐵道側面巷子進來的「尤家福隆便當」，雖然福隆便當的菜色都已經固定了，但是各家廚師烹調的功力各有不同，尤其在瘦肉的部分，一不小心很容易就過柴，口感不佳，尤家的便當較不會有此口感，是我偏好這家的原因。

下次來福隆，不妨可以來試試看，看哪一家福隆便當最合你的口味。

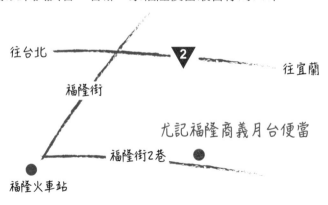

往台北　　　　　　　　　　　　　2　　　　　往宜蘭

福隆街

尤記福隆商義月台便當

福隆街2巷　●

福隆火車站　●

貢寮
三貂角燈塔

「三貂角燈塔」位於貢寮區三貂角岬角處，有「台灣的眼睛」之稱。從北往南在台二線公路經過卯澳後，看著指標右轉進小路就能到達。三貂角燈塔在一座山坡上。一九二九年在三貂角附近海域先後有船隻發生船難，因此台灣總督府遂決定一九三五年在此於建立燈塔。同樣與「鼻頭角燈塔」一樣二次大戰受到空襲，於一九四九年重建恢復運作。

三貂角燈塔是本島四極點的「極東點」，這座燈塔是開放給人免費參觀的，塔體下方的展覽室放置許多關於燈塔的主題展出，讓喜愛燈塔的民眾一飽眼福。雪白圓柱的塔體是許多攝影愛好者的主題，在藍天白雲的襯托下頗有希臘地中海味道。附近有一條步道，拾級而下的景觀台視野可及下方海岸，天氣好時一船一筏清晰可見，從下方往上拍燈塔又是另一極佳角度。

目前開放參觀的燈塔有十二座，可以上「交通部航港局」網頁查詢。

貢寮 福鮑鮑魚養殖場

台灣東北角海岸礁石奇岩林立，是天然的海藻貝類的天堂，從一九七〇年代左右，附近的漁民利用簡易的潛水裝備捕撈九孔等，後來因養殖技術發達與投餌加速九孔生長，逐漸有多人投入這個養殖事業。一直到二〇〇二年，因為近親繁殖、水質不佳、藻類減少及病毒疾病等因素，九孔大量死亡，幾乎將台灣整個就孔養殖產業消滅殆盡。後來經過水產試驗所的復育，二〇一〇年開始逐漸恢復東北角海岸的養殖生態鍊。

我們都知道，偏鄉生活不像都市，能夠創業生活的人，他的付出與努力必須比人家更多，「福鮑鮑魚養殖場」的老闆吳勝福就是這樣。吳大哥原本在貢寮開機車行黑手起家，在機車維修這個領域來說冬天是淡季，而鮑魚九孔養殖業正好相反，他們在冬季卻是旺季，加上當時二十年前當地養殖業風光興旺，吳老闆許多客戶也都是養殖業，興起了他投入養殖業的創業念頭。初期他從幫人家打工開始，了解相關的產業生態後，

便加入了鮑魚九孔的養殖。

吳大哥說：「鮑魚九孔的養殖業，算是高經濟高投資的產業，經過當年的那一次產業危機，現在雖然感覺略有復甦跡象，但是與當年相比是天讓之別。以前可以養殖收穫八、九成，現在只恢復到二、三成。加上台灣的氣候變化從以前的春夏秋冬四季，變成幾乎只有夏冬二季，對養殖業真的很辛苦。」

另外，種苗培育基因、餌料供貨的不穩定，這些因素都可能因為地球暖化等自然因素的改變而出現變異、還有潛水工人力的老化、中國市場的搶市都是他們的威脅。索性政府也全力協助推廣，吳大哥他也開發其他週邊商品比如：九孔干貝醬、鮑魚香腸、寒天凍飲等等。甚至也開放讓團體客體驗現撈現烤的體驗。

經過這次跟吳大哥的對談，我才發現我們在餐會宴席上吃到的鮑魚九孔，背後還有這麼一段產業起死回生的故事，看到吳大哥對養殖產業充滿熱情的韌性，我非常欽佩，一顆覺得高檔的鮑魚九孔，牠背後有這麼多人在默默付出的心力，真不是價格可以衡量的。

卯澳 消失的海女文化

日劇《小海女》讓許多人見識到這個聯合國教科文組織（UNESCO）保護的無形文化財。無形文化財也稱為非物質文化資產（intangible cultural he ritage）「海女文化」即是其中重要的一項。多數台灣人不知道，在我們台灣東北角的「卯澳」一帶也有類似的海女文化故事。

由於龍洞、卯澳、馬崗一帶居民靠海為生，這附近許多居民以潮間帶捕撈採集維生逐漸演變成海女產業文化。每一位在地的海女都對當地潮汐、季風、物種生態有相當詳細的認識與了解，不過，卯澳地區人口老化與大量年輕人外移，辛苦的「海女」工作與到嚴重傳承斷層。

卯澳、馬崗、龍洞這三個地方的海女裝扮都有差異，光從服飾來看，龍洞一帶的海女衣物較為單色樸素，而卯澳的海女在衣著上較為鮮豔花俏。但不管如何，相同的是這些海女的年紀都已經很大，這項無形的文化隨時都有消失的危機。這次為我們展示介紹的幾乎碩果僅存的海女姚陳金蓮女士，她已經七十四歲了，

看著金蓮阿嬤在礁石間穿梭如入無人之境，我們這些老百姓還在慢慢攀爬，十分汗顏。阿嬤手中一打開，許多不知名的貝類讓我們感到新鮮，還有少見的當地人俗稱的「鐵甲」的笠螺。

海女在穿著上都因地區的不同有所差異，卯澳的海女穿著鮮豔，頭戴著自己手工縫製的頭套，畢竟還是女性，都會怕曬黑，全身包得緊緊，也由於要在海邊烈日下長時間曝曬，斗笠是最佳防曬利器，也因為工作中需要在礁石上跳躍彎腰，長時間下來對這些海女們的腰椎與膝蓋的負荷上或多或少都有些病痛，真的不是我們參訪的人可以輕易體會的。

她頭上戴的潛水鏡是用牛角和玻璃片做的僅用簡單的棉繩綑綁，這套工具已有六十多年歷史，手戴著工業用棉手套，腰前綁著漁網，手拿一支扁勾鐵器，金蓮阿嬤就這麼全副武裝下海，在礁石上一下「站山」、一會「藏水」，不一會兒手套上便滿滿的各式貝類，金蓮阿嬤從十多歲就從事這個行業，她捕撈的野生貝類、鮑魚九孔、海菜、蝦蟹等不計其數，信手捻來都是一場生態教學，成了解說的活教材。卯澳社區發展協會總幹事吳文益，是當地連任七屆福連里長，對當地的風土民情瞭若指掌，他表示：「整個馬崗潮間帶是漁民的大冰箱，也是取之不盡的寶藏！」

卯澳 石頭屋

卯澳地名的由來，據說是從高處俯視灣澳，形似中國字「卯」，故而得名。百餘年來居民大都靠養殖九孔或捕魚維生，「卯澳漁村」以前在繁盛時期有「小基隆」之稱，當時在附近住了有一百多戶人家，光船隻就有三百多艘船，可見當時這裡是東北角海岸非常繁華的村落。另外，它也曾是凱達格蘭族群聚之地，當地人以海邊就地取材的砂岩石頭建起特有的百年石頭厝，打造出當時全台灣最大的石頭屋聚落，最特別的是在房屋外頭還建起防風石牆，用來阻擋強烈的東北季風，不過石頭屋損嚴重，目前僅尚存五六棟石頭屋，附近的馬崗則還有十幾棟石頭屋，與早期一百多棟比，現在真的是頹圮毀壞的很厲害。

石頭屋的興建早年都是請人在海邊取石打石，再運回來建地堆砌。現在當地人住了一輩子的石頭屋早已厭倦，多數都改建起鋼筋水泥的透天厝，畢竟石頭屋有縫隙，容易躲些蚊蟲蜈蚣之類的生物，對住家環境都有所不便。

可從牆面砌法判斷屋主的經濟狀況：

1. 「人字砌」顧名思義就是拿已處理成長方形的石頭有規則的排列，左右傾斜交錯疊砌，砌成斜的就像一個「人」字。
2. 「平行砌」一般為有錢人居住，請工匠蓋得工整。
3. 「亂石砌」則歸列為普通住宅民家，構築不分石頭大小與排列較不注重美感與整體性。

1.

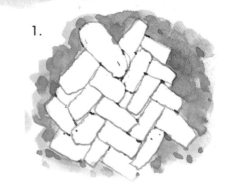

吳家石頭屋已經有一百三十年的歷史，
但也只剩下四面石牆可被憑弔了。

2.

3.

卯澳 馬崗 27 號咖啡館

老闆原本沒有打算在這裡開店，只因為一次騎單車環島的偶然機會下，闖入了馬崗，發現這裡的氛圍像極了沖繩。老闆初到訪居住也需要顧慮經濟來源，如果從事漁業工作是不太可能，才思索著把自己喜歡喝咖啡的興趣轉變為工作。接著就開啟了學習煮咖啡、學習賣咖啡的模式，畢竟「喝咖啡」跟「賣咖啡」是兩回事。老闆伯軒說：「跟地方的緣分很深，有時候是店選主人，不是住人選店。」能夠在馬崗村居住，起床就呼吸新鮮的空氣，聽到海濤的聲音。

往馬崗潮間帶

海巡署
馬崗安檢所

馬崗街

往馬崗漁港

馬崗27號咖啡館

這裡號稱是「全台極東的咖啡館」光這個稱號就足以讓我特地前來尋訪，可惜的是知道「馬崗村」的人不多，店裡的咖啡價格不貴，大致上比知名咖啡連鎖店便宜不少，除了咖啡飲料還有簡單的餐點，都是老闆的心情特餐。

一 全台極東咖啡館

老闆與老闆娘一個住台北、一個住九份。當初在這邊買房子還被當地居民笑說腦袋有問題。雖然馬崗村地處偏避，但是他卻處在舊草嶺環狀一行車道上，被許多環島騎士誤闖這裡，就這樣咖啡店就被賦予「全台極東咖啡館」美名。

「我一直在回想當初究竟是被什麼所吸引？我想起來了！是因為嚮往自由的感覺吧！」老闆說。

卯澳 馬崗潮間帶

這裡就像是卯澳、馬崗人的大冰箱，需要魚蝦、貝類、紫菜、海味應有盡有。我們先理解「潮間帶」的意思，就是在潮汐大潮期的絕對高潮和絕對低潮間露出的那些海岸。「潮間帶」也是我們最先碰觸到海洋的地方，這裡通常都有豐富的海洋生物，牠們都躲在礁石石縫中或潮池中。

馬崗潮間帶是以「海蝕平台」為主，上面有許多凸岩或潮溝、潮池，所以有許多小魚苗、藤壺、海葵、蜑螺、鐘螺、珠螺、海兔和螃蟹等等，所以才說這裡是當地人的冰箱。而且，馬崗這裡的潮間帶一年四季都有不同的風景，比如說春季的礁石上會長出許多綠油油的石蓴與藻類。因此有許多家長、學校教育工作者，常會帶孩子、學生過來這裡做戶外生物觀察研究。

馬崗潮間帶是「貢寮水產動植物繁殖保育區」，也是北台灣極少數沒有受到破壞的灣澳，我們應該更加主動的去親近它，認真的去保護它。

北關 海潮公園一線天

蘭陽八景中的「北關海潮」自古即有「蘭城鎖鑰扼山腰，雪浪飛騰響怒潮」之名句。不過，我們常常就此忽略這個知名景點。

位於頭城鎮的「北關海潮公園」原為清朝政府的一座關卡，當時在此地形作為防止盜匪進入蘭陽平原的重要關隘，設立了重兵駐守，海潮公園裡還有兩門據說是嘉慶年間鑄造的古砲，為這個地名增添思古幽情。這座海潮公園內有一個著名的景點叫「一線天」，顧名思義「一線天」就是兩顆巨石中間的縫隙，縫隙很深大約有兩層樓高，走過「一線天」有步道接往海邊，步道沿著大石旁開鑿鋪設，風浪大時海浪就在不遠處襲來的感覺特別刺激，步道蜿蜒在海石之間，有點分不清方向，所幸人工鋪設的步道還頗為平坦好走，當散步閒晃，偶有風鳴鳥叫也是別有一番滋味。

從北關海潮公園的角度可以清晰看見「龜山島」，這裡海岸是屬於「沉積岩」因地層關係，呈現出向西北傾斜，也由於長期的侵蝕風化，這裡的岩石也變成一塊塊的「豆腐岩」。

外澳 衝浪沙灘

說真的，外澳的沙灘幾乎變成衝浪者的朝聖聖地了！

服務區的門口有一大片黃色外牆的建築，是服務區醒目的象徵建築，高空俯瞰的三角形外觀是由建築大師姚仁喜所設計，極富現代感，像是一艘大船般停泊在港灣，也很像在海邊放著一塊黃色三角形的起司蛋糕一樣。外澳這一段的沙灘綿延很長，每到夏季或是天氣好的時節，這裡都是人潮擁擠，一人一塊衝浪板跟隨著一道道的浪花開始奔馳起來。

這裡更美的是海的對面就是龜山島，幾乎就在眼前，以龜山島為背景的衝浪，任何人想到都覺得興奮。難怪這裡是衝浪者必來的朝聖聖地。

外澳沙灘距離烏石港很近，很多人來外澳走走後也會去烏石港大啖海鮮，烏石港旁邊還有一座「蘭陽博物館」，傾斜不對稱的建築外觀設計十分有現代感。烏石港也是造訪龜山島與賞鯨船出發的母港，有機會再去龜山島造訪一下。

宜蘭 頭城盧纘祥公館

台二線公路從新北市來到宜蘭縣，頭城鎮是宜蘭縣最北端的鄉鎮，也是宜蘭縣最早開發的地區，一八一二年清政府就開始規畫頭城鎮市街，頭城最有名的是「烏石港」，是當年重要的集散港口，頭城老街有「開蘭第一街」的美名。其範圍是從該街的「南門福德祠」到「北門福德祠」大約長六百公尺。該街成南北走向，後來因火車取代海運而沒落。

頭城當地有流傳俗諺：「有盧家富，無盧家厝；有盧家厝，無盧家富。」盧家在清代時即是富豪之家，盧纘祥繼承家業後便積極經商和參政，一九二八年（日治時期昭和三年），他二十五歲擔任頭圍信用購買販賣利用組合長，同年盧宅也落成，一九五一年，盧纘祥當選宜蘭縣首任民選縣長。 從盧宅可以看得出來，盧家當時（清朝和日治時期）的確有錢有勢，但是歷史的快速變遷，已經演變成當地的觀光景點，雖然一般觀光客不能進去，只能從外觀來看它屬於和洋混合式的建築特色。

宅邸前面有一座大池塘，是舊時頭圍港的內港，後來因為淤積而荒廢，盧家在一九二八年興建住宅時一併整理。池中有兩島，原有木板橋作丁字狀，與岸邊相連，島上則各有一涼亭。水池靠盧宅一側，有大榕樹兩株，樹下有井兩口。

認識「速寫」
寫給初學者的觀念

畫錯只有自己知道

　　常常在路上速寫畫畫，總會引起很多路人的圍觀，大家常會聽到一句話：「我也好想畫畫，不過都畫不好。」究竟，「畫畫」這件事的「好」與「壞」該如何定義呢？

　　我相信大家從小都上過「美勞課」。在「美勞課」中老師會叫你畫樹，樹的葉子要「綠色」、會畫天空，天空的雲朵是「藍色」……。請問在我們生活當中，樹葉一直都是綠色嗎？我常告訴學生，春天的葉子要畫「黃綠」（正在長嫩芽）、夏天的葉子要畫「深綠」、秋天的葉子要畫「紅綠」，至於冬天的葉子……給你猜應該是什麼顏色呢？從這個範例中可以知道，世間萬物在畫紙上沒有一定該是什麼樣子！什麼樣的顏色！才是正確的。再者，我提倡盡量不要使用「橡皮擦」。很多初學畫畫的人都會習慣使用鉛筆打稿搭配橡皮擦，我常問他們為什麼要用橡皮擦？大家標準答案是：「我怕畫錯！」這時我會接著問：「畫錯誰會知道？」

　　「你畫錯，誰會知道？」

　　其實畫錯只有作畫的自己才知道。若是只有你一個人知道，你不說就不會有人知道你多畫一棵樹、一扇窗戶或是一個窗台，因為畫完回家後絕對不會有人拿著你的作品去現場比對，既然如此，對錯很重要嗎？一點也不重要。畫錯就「將錯就錯」，若要不斷的追求寫實，追求鉅細靡遺，那我建議改去學攝影會比較符合「寫實」的想法吧！

　　既然畫畫的世界沒有固定不變的東西，畫錯也不會有人發現，那畫畫「最重要的」究竟是什麼？總歸一句，在畫畫的世界中是沒有「對錯」，只有「合理」。我認為「合理」比「對錯」更重要，現場應該有什麼東西，當時的季節該有什麼景物，要「合理」的呈現出來，比如說，台北市街

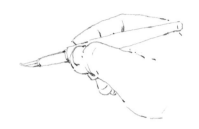

景我通常會加入電線、電線桿，但是畫羅馬或東京街景就不能加入電線桿；比如說在畫香港街景車輛時，香港的雙層公車是必備的景觀物件，但是台北市就不能出現雙層巴士（目前台灣有引進了，畢竟還是少量）。每一個城市景觀或畫點都有其獨特的魅力與專屬的符碼，做為一個創作者，你要觀察並找出它的「符碼」，只要「合理」，你的作品不會存在「對錯」的問題！

　　一幅速寫畫作不是單純僅是現場「完整」紀錄，其實畫作更重要的東西是創作者的內涵，「內涵」包括了創作者本身的思維情緒、人生見識、生活經驗、創作現場的感受（冷熱乾濕）等等。雨天有雨天的濕、傍晚有傍晚的寂寥。即使相同的作者、相同的畫具、相同的景點，也畫不出「相同」的作品，要知道每一件手繪作品都是獨一無二的珍貴啊！

像不像很重要嗎？

　　常常聽到來上畫畫課的朋友都會跟我說，「老師，我覺得我畫畫都畫不像！」「畫畫像不像」這件事情我想它一直以來都是剛接觸畫畫的人心裡很大的迷思。那我們就來聊聊這個問題吧！

　　近代水墨大師齊白石曾經說過這段話：「畫者，似者媚俗，不似者欺世；妙在似與不似之間。」翻成白話文說，做畫，畫得太像是譁眾取寵，不像的根本就是在騙人，作畫精妙有趣之處在像與不像。蘇東坡曾說：「論畫以形似，見與兒童鄰。」蘇東坡認為評論繪畫作品不以寫實當作唯一標準，作畫重要的是精神跟想法的提升，至於畫得像不像不是那麼重要。

好了！我提出古代和近代的大師們論畫的看法，但是應該很多人還是會說，老師你這樣說是理論，我還是很在意，怎麼辦呢？我個人覺得這是心態問題，如果很在意每張畫作都要「很像」，那我覺得要不要改變一下，去接觸「攝影」呢？拍照就一定會像，而且，每個細節都能拍到精準，絕對可以解決心中在意「像不像」那個糾結的點。當然，在藝術畫法中有一種流派稱為「超級寫實主義」（Hyperrealism，又稱高度寫實主義）一般來說，這樣寫實的作品不太可能戶外完成，即使室內創作往往都要藉助機械工具來協助，例如：幻燈片（機）、網格。來協助構圖定位，戶外速寫以眼前紀錄為主，不可能做到這樣的精密創作！

其實每一種「純手工」的創作（工藝品）它的珍貴之處就在於獨一無二，即使相同的工具、相同的人，在不同的時間點創作的作品都會不盡相同，記住我們不是工廠也不是生產線，每一個人的繪畫作品裡都存在每一位創作者的「人生觀」、「生命的體驗」、「環境的感受」、「情緒的起伏跌宕」等等。所以不可能會產生極度相像的作品！也就是這樣手繪的作品才珍貴，因此去追求「像不像」這件事，不覺得只是庸人自擾嗎？

如何尋找速寫題材的美學？

我們都有這樣的經驗，剛剛開始接觸速寫，尋找題材是一件令人感到很困惑的問題，究竟我要畫什麼好呢？

其實，只有簡單一句話「畫美的東西（主題）！畫你有感情有紀念性的東西（主題）」。「美」是什麼？美是一種從容，雖然我們是「速寫」，但是不代表「快速」是速寫者根本的核心，現代人工作忙碌，身邊的美麗事物往往容易忽略，忙碌快速是無法發現身邊「美」的事物，更不用說去畫出一幅「美」的作品，不是嗎？

國內知名的畫家冉茂芹老師曾經寫過一篇文章〈速寫要慢——與青年朋友談速寫〉提到，「……畫速寫是否愈快愈好呢？也不盡然，……很多人經年累月地跑畫室畫速寫，畫了半輩子，還是老樣子，不進步就怪自己沒天分，或許與天分有點關係吧，我看絕大多數的問題是太快！所謂『十次肇事九次快』，我倒建議：要畫好速寫，先畫『慢寫』，先

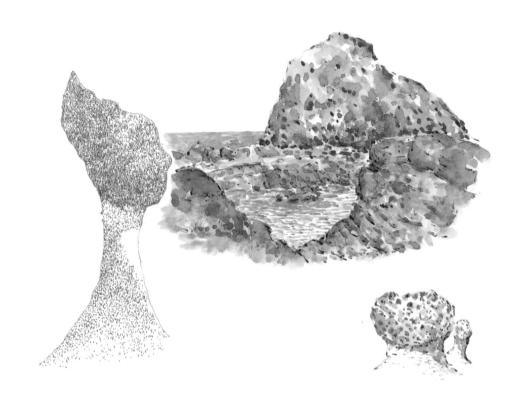

　　學會抓住形體比例和特徵的方法以及刪繁就簡概括對象的規律。只有先慢一點才不會比例失據，概括無方。速寫練習，相對快就好，絕對不要一味求快，要由慢到快。」

　　速寫不是一定要「抻」時間、「抻」速度，抻畫畫的時間越短才是「速寫」？這是錯誤的，短時間的創作除非自己已經很有經驗，不然創作一張沒有美感的作品，甚至讓觀賞的人都感到生厭，我個人不認為這樣的創作是好的。因此，「美感」是一件畫作存在的最重要因素。

　　另外，要畫你有「感情（紀念）」的主題。人類是情感的動物，我在旅行速寫課上課時常會跟學生聊天，透過聊天中去了解學生們的背景，他們對什麼東西是有情感的，比如說有人年輕時念北一女，下課後都會經過「公園號酸梅湯」對這家店有特殊的感情，所以我會安排課程邊畫「酸梅湯」邊喝酸梅湯；比如說有學生從小住過迪化街，對大稻埕一帶很有情感，我會安排課程畫大稻埕系列。這樣的景物主題就是我說的，「畫你有感情的東西」，只有感情濃郁，你的作品中自然會產生生命力、產生源源不絕的創作熱情！

當然會有人有些疑問，我想嘗試不同的題材可以嗎？我個人認為多方嘗試亦無不可，不過那只能算是練習，可是即使是練習，也可以挑選具有「美感」的主題練習。

你會練習畫家裡庭園的一叢花朵？還是會畫花叢旁邊的雜草？你會練習畫故鄉老家的老屋？還是畫老屋旁邊違章建築的鐵皮屋？你會練習畫餐桌上的美食佳餚？還是畫美食佳餚旁邊擦過水漬的衛生紙？

我想以上的選項十分容易選擇。

淺談東西方速寫風格的差異

「速寫」在台灣美術教學的領域中，一直以來都是把它放在「素描課」的其中一環，這堂課的訓練過程都是希望學生在戶外短暫的時間內，完成眼前所看到的主題做描繪，但是這樣的訓練往往都只一、二堂課，實在很難讓學生練習到真正的強記核心。也因此通常無法被學生所認同。自從社群媒體的興盛帶起世界各城市一場速寫推廣運動，今年來以「速寫」為核心的主題課程或同好社團蓬勃興起，標榜簡單的工具、多樣化的表現方式，以及以短時間在現場繪畫等新的定義，逐漸取代以往水彩、油畫的「戶外寫生」美學活動與教學市場。也因為速寫創作多元化並不拘泥於特定媒材的繪畫方式，進而開展許多初學者躍躍欲試的嘗試心理，各式私人繪畫教室、社區大學、各級美術教育學校都紛紛開設相關教學課程，讓原本侷限在特定媒材、小眾領域的美術繪畫突破禁錮已久的框架，引起更多有興趣的民眾參與。

前面提到「速寫」是一種多元化、不限媒材的創作方式。換句話說，創作者可以在速寫的作品中置入各式各樣自我想表現的方法，可以繪畫、可以塗色（或局部塗色）、可以使用不同媒材（水彩、油畫、蠟筆、簽字筆等）、可以加入文字、可以在作品上剪貼等等。只要作者想得到的表現方式都可以加入創作過程中。

筆者在近些年與國外速寫創作者交流，觀察到許多對東西方在速寫創作上的明顯差異，讓筆者簡述淺談，以下為筆者個人觀察：

　　一、亞洲速寫畫家的風格：

　　範圍以亞洲東部為準，大概是日本、韓國、中國、台灣與東南亞諸國。亞洲東南亞這些多民族組成地區，除了泰國、印尼、菲律賓等國家外，其他如新加坡、馬來西亞畫家多以華人為主體的畫家圈為加入「速寫」活動的主幹，長期都是有「畫會」組織在其背後應援號招，或許長期有一套中華文化的藝術框架，畫作多是以單幅畫作為主，一張畫即一作品，在最後的呈現表現方式中也都將速寫畫作裱褙，最後以展覽的方式發表。當然在畫作的象徵交換方面也是直接銷售原作為主要方式，輔以其他畫冊等印刷物為畫家們獲利方式。

亞洲速寫畫作在表現方式上較為中規中矩，多數以「水彩」為媒材的表現方式，也較常使用單張水彩紙來做為表現方式，在現場看到的創作過程有些十分接近水彩畫的「寫生」模式，傳統的寫生設備如：畫架、水袋等都常出現，當然這樣的方式相較於在移動中也較為不便。畫家在創作的過程中，多數以畫的「寫實度」為評判優劣標準，較少出現隨意自在的風格，更遑論加入剪貼、文字、多複合媒材的使用是較為可惜之處。當然也影響速寫畫作的創作度上，豐富性不足、風格也過於單一。當然也有少數畫家引入如「枯枝筆」，並將「水墨構圖」概念引入速寫創作並著論教學，為少數異軍突起的亮點。

　　二、西方速寫畫家：

　　由於筆者多與歐州、澳洲等地的西方畫家交流，故本文即以歐洲諸國為論述主軸。西方速寫畫家們的出身，除了本身即為藝術本科的畫家，或本身就從事設計相關工作領域或教學為主，另外，筆者也碰過從事考古工作的畫家，以及從事潛水工作者；他們不以「寫實」為創作導向，反而以「實驗」、「玩」、「創意」為概念在做速寫創作，這些歐洲的速寫畫家們表現的方式多半以「書籍」的方式搭配簡單的工具創作，有人甚至以二手書店內他人寫過的「舊明信片」為創作基礎，在其上作畫，是一種與「時間」共存的創作概念，也有人突破「空間」限制在海底下速寫魚群、在高山上創作，因為他們出發點以「實驗」與「玩」為主，所以也在作品中加入許多心情文字、紙幣票根、紀念章等物。也由於他們崇尚簡單工具，沒有畫架、畫板等傳統戶外寫生的累贅，進而創造更多突破「時間」與「空間」的速寫作品。

　　在畫作發表方面，歐洲速寫畫家由於創作方式以「速寫書」為核心，也因此在表現製作的形式上便無法如亞洲畫家以單張作品展出的方式出售獲利，也因此他們多半將畫作印製成印刷物，也就是以「旅行書」的模式展現，也會將其作品印成明信片、複製畫等物。較少看到以原作出售的方式做為銷售獲利的來源。

或許，也有人會說，「速寫」在本身藝術價值上就無法與傳統的水彩、油畫、水墨等相比擬，因此藏家在購買的意願上與收藏的價值上會多方思考，並且亞洲藏家比較傳統，都是站在「藝術價值」與「藏品未來」作為考量，「速寫」創作在主流藝術學校與普羅大眾的美學認同感上有其侷限性。其實這點筆者也是認同，但回到十九世紀時期「印象派」當初也不過是「落選者的美展」，完全不被當時主流藝術學校或藝術家認可，熟知百年後卻成為美術史上不可抹滅的輝煌一頁。不論你認同西方自由、實驗的表現方式，或是比較喜歡東方中規中矩的畫作呈現，我相信「速寫」藝術在未來主流藝術教育上必有其不可忽視的地方。

愛　生　活　　　　　0　5　7

台二線旅圖速寫
東北角的公路旅行，重現山海與小鎮風情

國家圖書館出版品預行編目（CIP）資料

台二線旅圖速寫：東北角的公路旅行，重現山海與小鎮風情／郭正
宏著．繪圖． -- 初版． -- 台北市：健行文化出版事業有限公司出版：
九歌出版社有限公司發行，2021.02
144 面；14.8×21 公分 .（愛生活：57）

ISBN 978-986-99870-0-4（平裝）

1. 台灣遊記

733.6　　　　　　　　　　　　　　　　　　　109021326

作　　　者 —— 郭正宏
繪　　　圖 —— 郭正宏
責任編輯 —— 曾敏英
發 行 人 —— 蔡澤蘋
出　　　版 —— 健行文化出版事業有限公司
　　　　　　台北市 105 八德路 3 段 12 巷 57 弄 40 號
　　　　　　電話／02-25776564・傳真／02-25789205
　　　　　　郵政劃撥／0112295-1

九歌文學網　www.chiuko.com.tw

排　　　版 —— 綠貝殼資訊有限公司
印　　　刷 —— 前進彩藝有限公司
法律顧問 —— 龍躍天律師・蕭雄淋律師・董安丹律師
發　　　行 —— 九歌出版社有限公司
　　　　　　台北市 105 八德路 3 段 12 巷 57 弄 40 號
　　　　　　電話／02-25776564・傳真／02-25789205
初　　　版 —— 2021 年 2 月
定　　　價 —— 360 元
書　　　號 —— 0207057
Ｉ Ｓ Ｂ Ｎ —— 978-986-99870-0-4